遼寧省圖書館藏陶湘舊藏閔凌刻本集成

孫子參同·兵垣四編·呂氏春秋·淮南鴻烈解

遼寧省圖書館 編

1

中華書局

圖書在版編目（CIP）數據

孫子參同·兵垣四編·呂氏春秋·淮南鴻烈解：全6册/遼寧省圖書館編．—北京：中華書局，2017.1
（遼寧省圖書館藏陶湘舊藏閔凌刻本集成）
ISBN 978-7-101-12071-4

Ⅰ.孫… Ⅱ.遼… Ⅲ.①《孫子兵法》研究②兵法－中國－明代③雜家Ⅳ.①E892 ②B229.21 ③B234.4

中國版本圖書館CIP數據核字(2016)第204158號

責任編輯：張　進
技術編輯：靳艷君

中華書局

古逸英華

遼寧省圖書館藏陶湘舊藏閔凌刻本集成
孫子參同·兵垣四編·呂氏春秋·淮南鴻烈解
（全六册）
遼寧省圖書館　編
*
中華書局出版發行
（北京市豐臺區太平橋西里38號　100073）
http://www.zhbc.com.cn
E-mail:zhbc@zhbc.com.cn
三河弘翰印務有限公司印刷
*
889×1194毫米　1/16·158$\frac{3}{8}$印張
2017年1月北京第1版　2017年1月第1次印刷
定價：4800.00元

ISBN 978-7-101-12071-4

第一册目録

孫子參同五卷（卷一—卷三）

孫子參同五卷（卷一—卷三）

（明）李贄　輯
（明）閔于忱　集評

明萬曆四十八年（一六二〇）
閔于忱松筠館刻朱墨套印本

原書高二十九點五釐米，寬十九點一釐米；
板框高二十點五釐米，寬十四點七釐米。

孫子批釋序

世傳孫子十三篇。其言或不盡傳。大要與管子六韜越語相出入。太史遷載。孫武齊人。而用於吴闔閭時。破楚入郢。爲大將。武稱雄於言兵。其書自始計

至用間。率多權譎叵測。輔之
以仁。為言縱橫恣忽。莫可端倪。
故梅聖俞評其書為戰國相
傾之說。而鄭厚則以詞約而
縟。易而深。暢而可用。論語易
大傳之流。蓋唐杜牧之嘗論

兵。其論武大略用仁義。使機權
因脩注之以發其意。自聖命典
杜鄭。代為軒輊。而宋初四庫書
目而撰孫子註二十餘家。人輙
雖黄未有以折也。夫以聖命之自
背於杜鄭。務故剏為異。求滿

前說而空之耳。卒亦愛其文
略而意深。其於行師用兵。料敵
制勝亦皆有法。顧諸家所雜黃
者。善其言曰。三代王者之師。司
馬九伐之法。昭如兩曜。安所取詭
道用之。是不然也。孔子嘗相其夾

會吳谷矣。逆揣齊變而與左右司馬。兵萊夷。萬世而下。慕為神武。夫孔子而賊陰鷙。如季友孟勞之搏則可。然曷以善桓公犄角江黄。悼公還師救楚哉。雖吳用兵時戮荆王尸。分處吳大夫之室。亦侄負之挾械而倒行而逆施之。非武志也。今武及孔子時。所謂十三篇者。縱不敵方三代行師。詎不與桓悼方軌而出哉。孔子於兵。自云我戰則必克。以此取孫子可知也。是故孫子而不當孫子已耳。孔子而當孫子。

則必引而附之。敬仲知羇使旅其間。當不至賊之如于鄢也。蓋梅聖俞涉孫氏之藩者也。而遺於仁則詆以傾險。鄭厚亟取其仁者也。而略於藩。遂擬以論語易大傳之流。夫妄為詆且擬。而罔中其竅。等過耳。然則數世而下。評武子者。牧之其知言哉。孫子外。管子六韜越語。不佞各有序。指之稱是。

瑯琊王世貞撰

松篘館主人書

孫子參同序

卓吾李贄撰

蒙谿張鏊先生序武經七書。其略曰。文事武備。士君子分內事

也。姬鼎奠而尚父之勳可紀。羣雄角而孫吳之略稱強。天不生仲尼。則斯文之統以墜。天不生尚父。則戡

亂之武曷張。七書六經。固仁義一原之理。陰陽貞勝之符也。今之士大夫。何獨不然乎。高爵以崇之。厚祿

以養之。其受之君者重矣。一旦邊夷猖獗。小醜跳梁。則栗肱戰股。撫髀撚髯。顧後瞻前。張皇錯諤。又從而

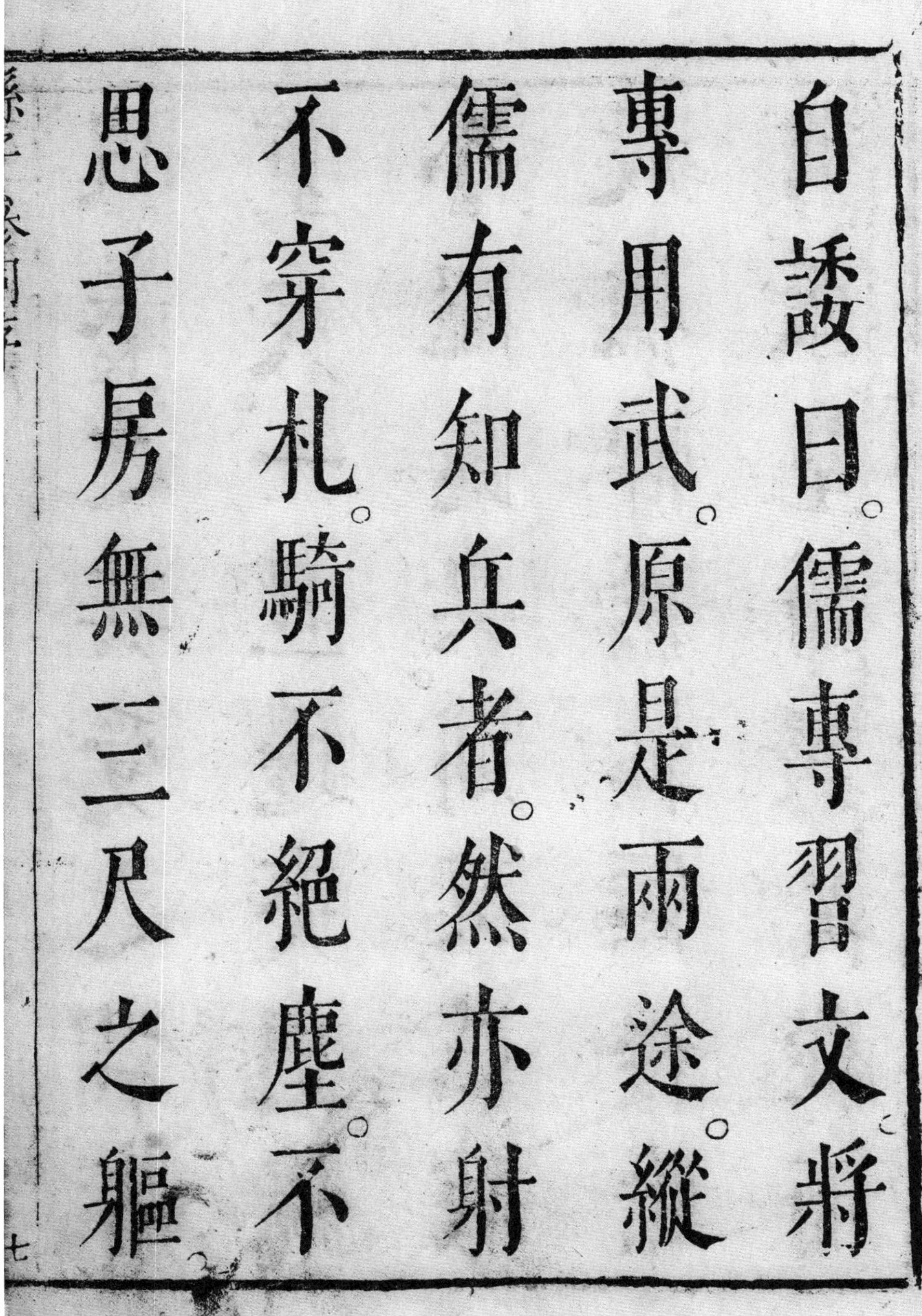

自謏曰。儒專習文。將專用武。原是兩途。縱儒有知兵者。然亦射不穿札。騎不絕塵。不思子房無三尺之軀

淮陰無縛鷄之力。綸巾羽扇。指顧而挫鋒芒。隻馬單騎。談笑而退戎虜。所貴乎士者。一寃心之耳。若能以

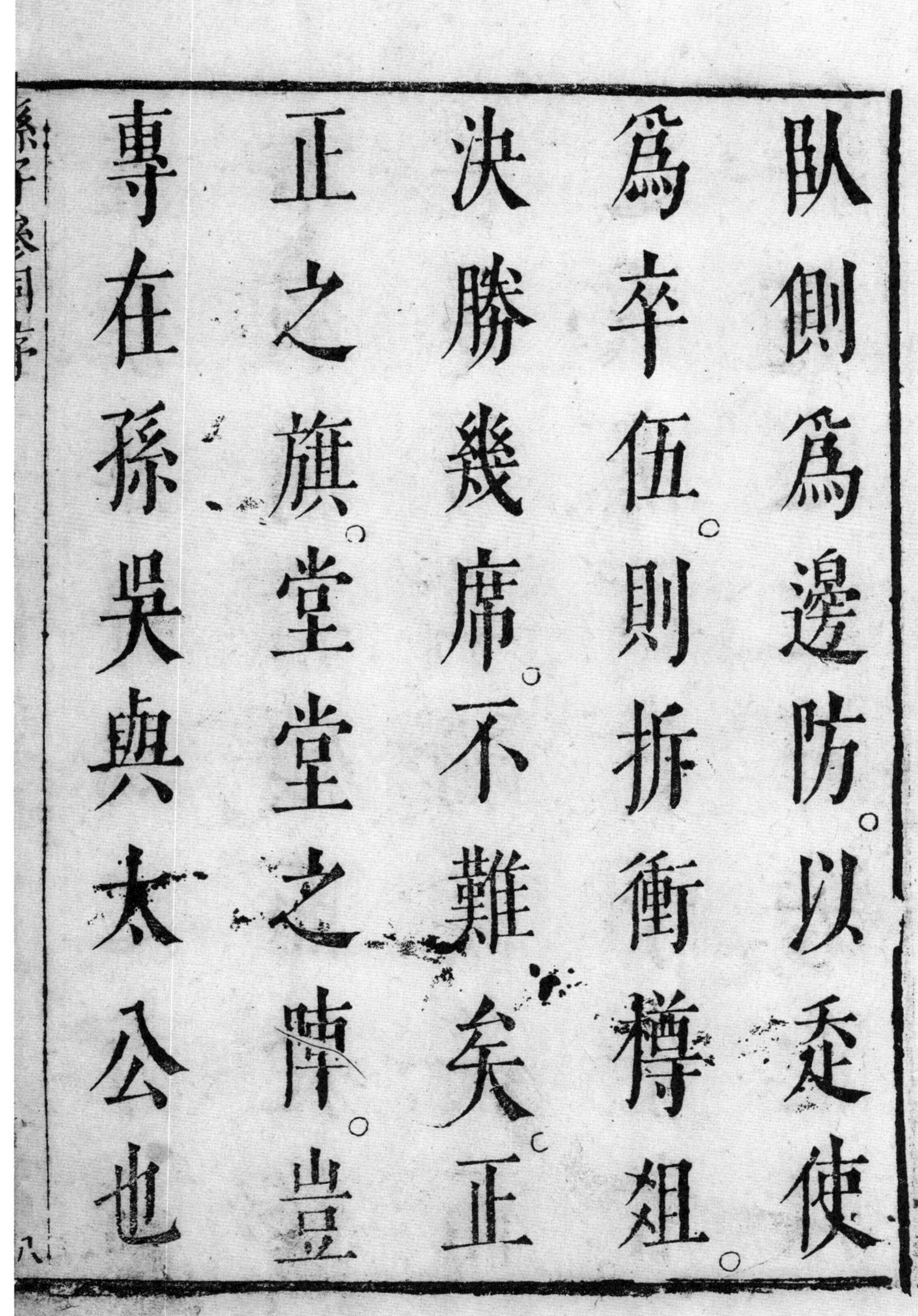

臥側爲邊防。以烝使爲卒伍。則折衝樽俎。決勝幾席。不難矣。正正之旗。堂堂之陣。豈專在孫吳與太公也

耶。李卓吾曰。此言固知武事之爲重矣。然猶不免與文士爲兩也。猶以治世尚文。而亂世用武。分治亂時

世爲二也。猶以太公似未可以繼斯文之統。而孔子似未可以謀軍旅之事也。夫軍旅之事。雖孔子且未

嘗學。而可責之鯫生小子乎。且世儒之不如郭令公。諸葛武侯者。固衆也。而獨我也、乎。我能通經學道。四

六成文。即可稱名士。不愧名儒矣。彼吳起淮陰諸人。有才無行。又況皆非我之所屑者。則蒙谿此言。未免

使人以不信也。然其日仁義一原。陰陽貞勝。則確論矣。夫天下未有有仁而無義。亦豈有有陽而無陰。獨

陽不生。獨陰不成。謂文專指陽。而武專指陰。則不但不成武。而亦不成文矣。故予嘗譬之人身然。夫人身

有手有足。蓋皆所以奉衛此身者也。故凡目之所欲視。耳之所欲聽。舌之所欲嘗。身之所欲安。非手足則

無從而致也。故一身而非手足。則欲飲誰與持。欲食誰與供。欲衣誰與穿。欲遠行誰與到。我欲尊吾身。誰

與跪拜而致恭。我欲受吾身。誰與奔走而趨事。是文用也。固此手與足也。一旦有外侮。或欲我跌也。度不

能敵。則足自能歪。度能敵。則足自能與之交。或欲我搏也。度不能敵。則自能舉手以相蔽。度能敵。則自能

反手而推擊之。是武用也。此亦手與足也。非他物也。故平居無事。則手持而足行。有所緩急。則手抵而足

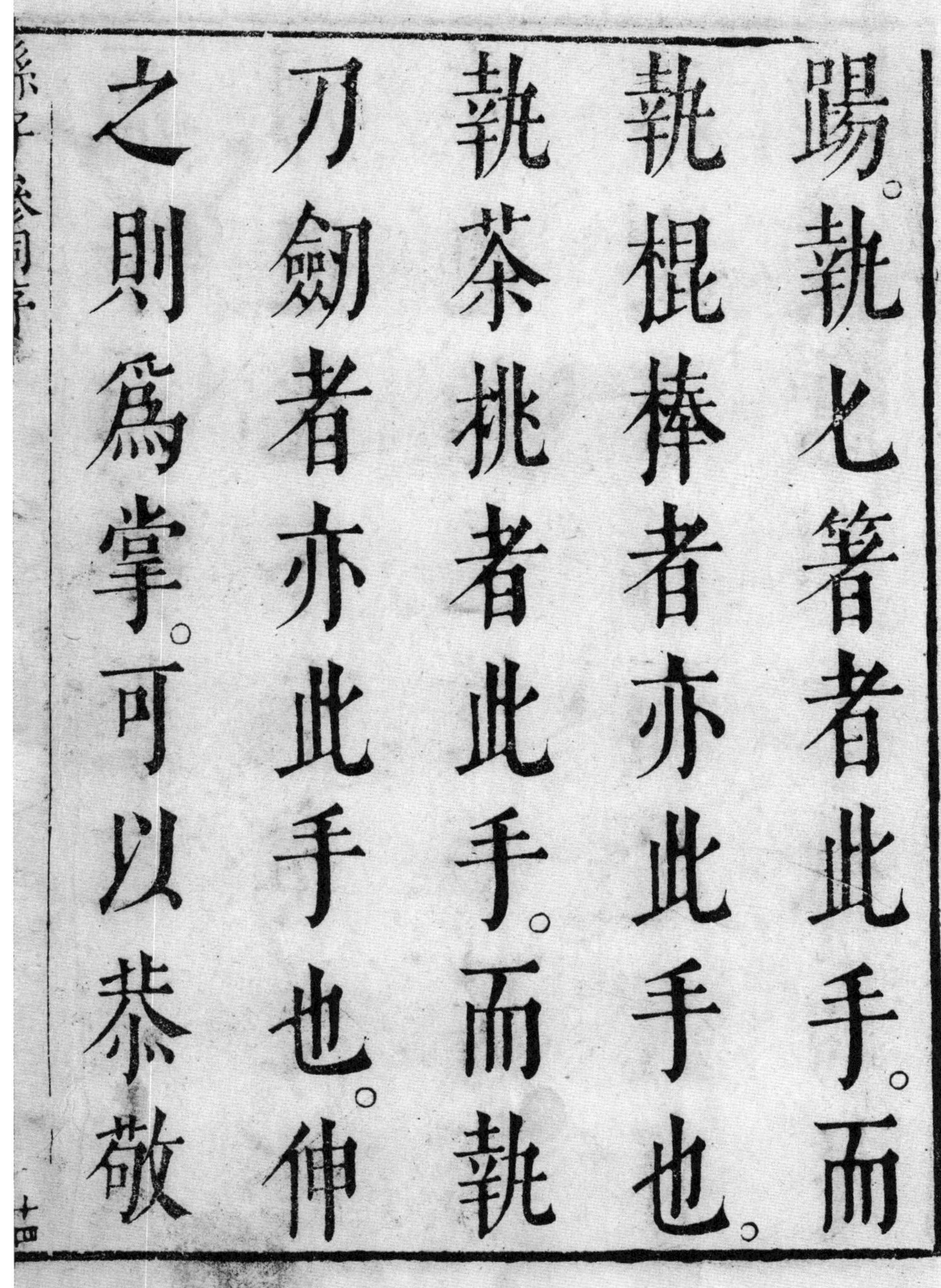

踢。執匕箸者此手。而執棍棒者亦此手也。執茶挑者此手。而執刀劍者亦此手也。伸之則爲掌。可以恭敬

而奉將。捏之則成拳。可以敵愾而禦侮。雖手足亦不自知其孰爲文用。而孰爲武用者。蓋衛生之物。天寔

界之。豈直於人爲然。雖禽獸亦若此焉耳矣。齒牙瓜角。咸有其物。各適于用。未嘗少缺也。唯是瘻痺不仁

之者。則文武皆廢。不
可齒於人數明矣。此
皆待人而後得以苟
延其生者。文用且無。
況武用耶。然則儒者

自謂能文而不能武
有是理耶。既不能武。
又豈復有能文之理
耶。則亦不過取給於
聞見。借功於昔賢而

已。是自痿痺而自不知也。是待人而後能起居飲食。而猶強以謂不屑也。吾不信之矣。吾獨恨其不以七

書與六經合而爲一。以教天下萬世也。故因讀孫武子。而以魏武之註爲精當。又參考六書以盡其變。而復論著于各篇之後焉。感歎深矣。

孫子參同叙

兵猶禪也。極其用。海墨
書而不盡。究其精。即一
言不可得。古今兵法。已
慮數十百家。世所尊為
經者。七而首孫子。〻〻之

言曰。奇正之變。不可勝窮也。又曰。微乎微乎。至於無形。神乎神乎。至於無聲。今而言之。思過半矣。余友元翁先生。深於禪者也。於兵法獨取孫子。

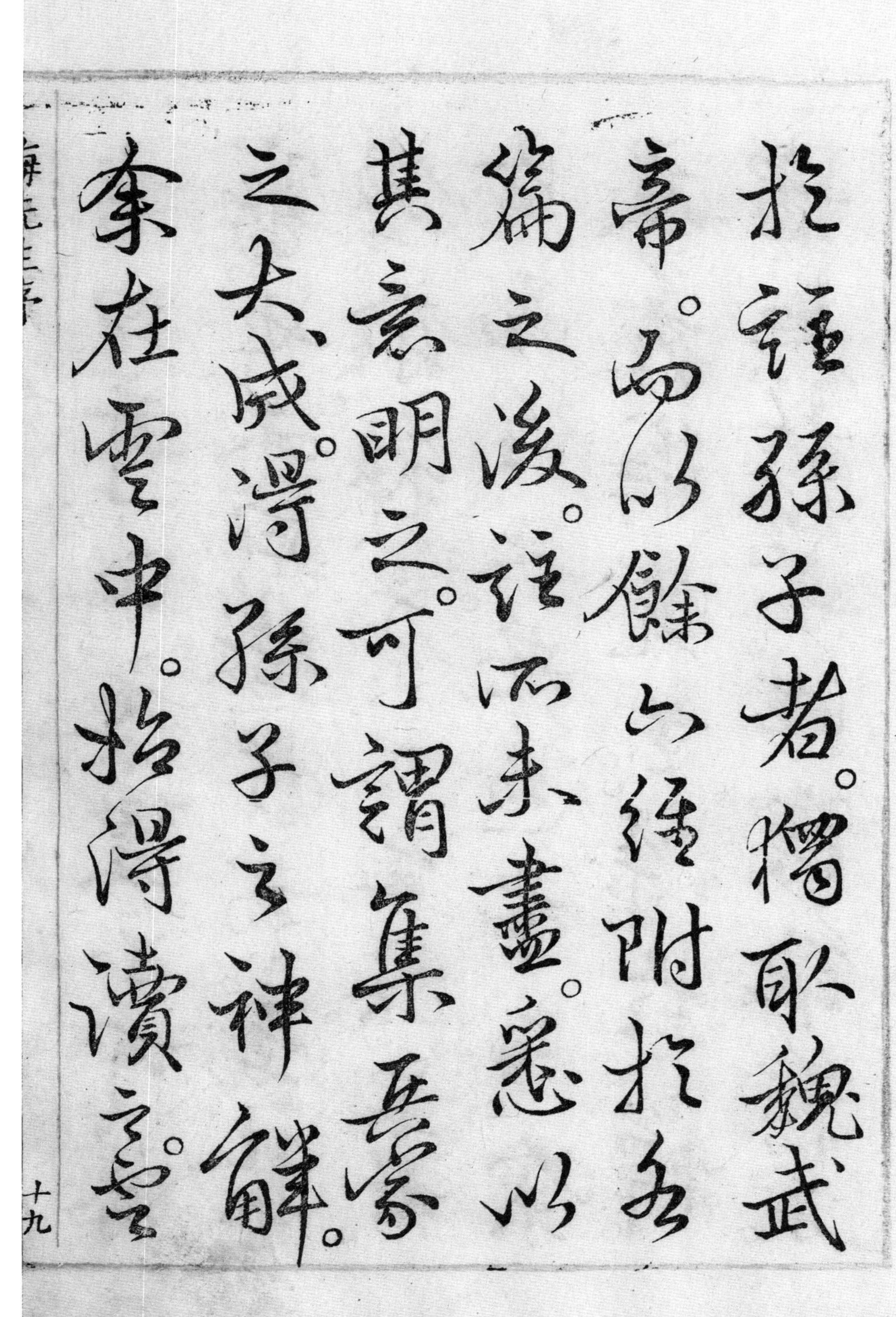
於註孫子者。獨取魏武
帝。而以餘六經附於各
篇之後。註而未盡。悉以
其言明之。可謂集兵家
之大成。得孫子之神髓。
余在雲中。於得讀之。竟

中於兵。猶齊魯之於文學。其天性也。故為廣其傳。使人知今古兵法。盡於七經。而七經盡於孫子。若善讀之。則十三篇。皆糟粕也。况其他乎。余家居。與禿翁未數見。〻亦未與深譚。且不知有禪。已論兵。及余在行間。無與語者。思可共事。無如禿翁。時禿翁家楚。〻諸大夫正憂賊。禿翁曰。毋學。梅生往矣。是必能辨賊者。夫余兩人者。未相與譚。而心相信。與其無即使余兩人者言之。亦不可得也。禿翁者。李贄。雅與吾子。

衡湘梅國禎譔

孫子參同小引

按孫武事吴左傳不載史記列傳稱武爲臏之祖臏之兵法傳於後世云則是書殆傳於臏而本於武者與余謂吴入郢事在周敬王十四年孫臏救趙事在顯王十六年相去一百三十九年太史公從五百餘歲後作傳何稱祖孫若斯於此或曰孫武本

無是人戰國辯士妄相標指說亦有見歟據而傳書見存於世者即十三篇是也漢藝文志稱孫子兵法八十二篇杜牧亦云武子書數十萬言魏武削其繁剩筆其精粹則今之十三篇豈魏武註之而刪定者與高氏緯略曰兵流於毒始於孫武其言舍正而鑿奇背義而依詐是書果出於戰

國相傾之說亦或其然近今數千載後經生武弁童而習之若其精蘊白首未得也甲寅歲余留鄴邸冬官景愚郎公以所刊鳳洲批註十三篇見示其註大都本於魏武於孫子闡與尚遥迤如後復於舊箸中搃得了凡手筆點畫甚詳段絡條貫呼應起伏無不暗然顯揭讀之數過恍若

起孫武而面質之者與卓吾子所參
脗合因請以歸集爲合璧付剞劂
氏公之宇內之時萬曆庚申歲菊
月望日吳興松筠館主人識

孫子參同凡例

一舊刻卷序先孫吳次司馬李尉又次六韜三畧卓吾子集其品類分列十三篇後今悉從之

一舊註凡一十二家梓行於世者止魏武杜牧張預及近時劉寅數家而已今復旁集諸書廣采事實以補前人之未備

一舊評有蘇老泉王元美及陳子淵所集等

刻俱多散佚脫畧今加考訂以正舊刻之訛

一批點悉依鳳洲了凡原筆而評則蘇王諸家並存標之篇首使覽者一閱了然

一卓吾叅同乃其生平之最屬意著述中之最苦心具載叢書中原有梅司馬批點茲不擅改

一刻中有主意綱領用｜有改絡用乚有眼骨用（）有關鍵用◗有精華用◎有波瀾

用○○○有條目用丶丶丶此袁公原筆茲不創改

一諸家箋釋意旨互有異用無礙發明者並存之以便披覽

孫子參同

孫子兵法集註

孫子品節

李氏叢書

唐荆川武編

三蘇文集

王弇州文集

事文類集

藝文類集

爾雅

廣雅

稗雅

海篇

孫子列傳附前

蘇老泉論并附

考訂諸書目錄

易經

周禮

春秋

左傳

國語

史記

武經七書

六書

百將傳

大將傳

武臣傳

武經淵源內外編

武學經傳

孫子講意

孟德新書

古今註釋姓氏

魏武帝諱操

李筌

杜牧

王晳

張預

賈林

梅堯臣

陳皡
杜佑
孟氏
何氏
解元
張鏊
李材
黄治徵

今古批評考訂姓氏

蘇洵 老泉

王圻

唐順之 荆川

王世貞 鳳洲

陳深 子淵

李贄 卓吾

梅國禎

焦竑 漪園

郎文煥 景愚

陸弘祚 蜃臺

孫子參同十三篇目錄

孫子參同卷

孫子武者齊人也以兵法見於吳王闔廬闔廬曰子之十三篇吾盡觀之矣可以小試勒兵乎對曰可闔廬曰可試以婦人乎曰可於是許之出宮中美女得百八十人孫子分爲二隊以王之寵姬二人各爲隊長皆令持戟令之曰汝知而心與左右手背乎婦人曰知之孫子曰前則視心左視左手右視右手後卽視背婦人曰諾

將所以一三軍之氣與心

約束既布乃設鈇鉞卽三令五申之於是鼓之右婦人大笑孫子曰約束不明申令不熟將之罪也復三令五申而鼓之左婦人復大笑孫子曰約束不明申令不熟將之罪也既已明而不如法者吏士之罪也乃欲斬左右隊長吳王從臺上觀見且斬愛姬大駭趣使使下令曰寡人已知將軍能用兵矣寡人非此二姬食不甘味願勿斬也孫子曰臣既已受命爲將將在軍君

令有所不受遂斬隊長二人以徇用其次爲隊長於是復鼓之婦人左右前後跪起皆中規矩繩墨無敢出聲於是孫子使使報王曰兵既整齊王可試下觀之唯王所欲用之雖赴水火猶可也吳王曰將軍罷休就舍寡人不願下觀孫子曰王徒好其言不能用其實於是闔廬知孫子能用兵卒以爲將西破彊楚入郢北威齊晋顯名諸侯孫子與有力焉孫武既死後百餘歲

有孫臏臏生阿鄄之間臏亦孫武之後世子孫也孫臏嘗與龐涓俱學兵法龐涓既事魏得爲惠王將軍而自以爲能不及孫臏乃陰使召孫臏臏至龐涓恐其賢於己疾之則以法刑斷其兩足而黥之欲隱勿見齊使者如梁孫臏以刑徒陰見說齊使齊使以爲奇竊載與之齊齊將田忌善而客待之忌數與齊公子馳逐重射孫子見其馬足不甚相遠馬有上中下輩於是孫

三駟之說可以遂射而不可以治軍旅藉老泉引之以論將略非也文恪

子謂田忌曰君弟重射臣能令君勝田忌信然之與王及諸公子逐射千金及臨質孫子曰今以君之下駟與彼上駟取君上駟與彼中駟取君中駟與彼下駟既馳三輩畢而田忌一不勝而再勝卒得王千金於是忌進孫子於威王威王問兵法遂以爲師其後魏伐趙趙急請救於齊齊威王欲將孫臏臏辭謝曰刑餘之人不可於是乃以田忌爲將而孫子爲師居輜車中坐

（月也）（對也）

捲即拳也撠義當作擊

爲計謀田忌欲引兵之趙孫子曰夫解雜亂紛糾者不控捲救鬭者不搏撠批亢擣虛形格勢禁則自爲解耳今梁趙相攻輕兵銳卒必竭於外老弱罷於内君不若引兵疾走大梁據其街路衝其方虛彼必釋趙而自救是我一舉解趙之圍而收弊於魏也田忌從之魏果去邯鄲與齊戰於桂陵大破梁軍後十五年魏與趙攻韓韓告急於齊齊使田忌將而往直走大梁魏將

藏竈固奇斫

全在此一着

龐涓聞之去韓而歸齊軍既已過而西矣孫子謂田忌曰彼三晉之兵素悍勇而輕齊齊號爲怯善戰者因其勢而利導之兵法百里而趣利者蹷上將五十里而趣利者軍半至使齊軍入魏地爲十萬竈明日爲五萬竈又明日爲三萬竈龐涓行三日大喜曰我固知齊軍怯入吾地三日士卒亡者過半矣乃棄其步軍與其輕鋭倍日并行逐之孫子度其行暮當至馬陵馬陵

樹白之書蓋奇期舉火更復奇摸寫處極工至讀未畢遂成豎子之名情境躍如可驚可嘆此並是將略中所謂藏于九天之上動于九地之下益不必矢石之鬬而勝者

道狹而旁多阻隘可伏兵乃斫大樹白而書之曰龐涓死于此樹之下於是令齊軍善射者萬弩夾道而伏期曰暮見火舉而俱發龐涓果夜至斫木下見白書乃鑽火燭之讀其書未畢齊軍萬弩俱發魏軍大亂相失龐涓自知智窮兵敗乃自剄曰遂成豎子之名齊因乘勝盡破其軍虜魏太子申以歸孫臏以此名顯天下世傳其兵法

神筆

茅坤曰通篇按武成敗事以責之而文多煙波生色處

孫子老泉論

求之而不窮者天下奇才也天下之士與之言兵而曰我不能者幾人求之於言而不窮者幾人言不窮矣求之於用而不窮者幾人嗚呼至於用而不窮者吾未之見也孫武十三篇兵家舉以爲師然以吾評之其言兵之雄乎今其書論奇權密機出入神鬼自古以兵著書者罕所及以是而揣其爲人必謂有應敵無窮之才不

按東坡論孫武亦曰智有餘而未知其所以用智

知武用兵乃不能必克與書所言遠甚吳王闔廬之入郢也武爲將軍及秦楚交敗其兵越王入踐其國外禍內患一旦迭發吳王奔走自救不暇武殊無一謀以弭斯亂若按武之書以責武之失凡有三焉九地曰威加於敵則交不得合而武使秦得聽包胥之言出兵救楚無忌吳之心斯不威之甚其失一也作戰曰久暴師則鈍兵挫銳屈力殫貨則諸侯乘其弊而起且武

茅坤曰嘗考越之入吳武猶生而將兵否

以九年冬伐楚至十年秋始還可謂久暴矣越人能無乘間入國乎其失二也又曰殺敵者怒也今武縱子胥伯嚭鞭平王尸復一夫之私忿以激怒敵此司馬戌子西子期所以必死讐吳也勾踐不頹舊冢而吳服田單譎燕掘墓而齊奮知謀與武遠矣武不達此其失三也然始吳能以入郢乃因胥嚭唐蔡之怒及乘楚瓦之不仁武之功蓋亦鮮矣夫以武自爲書尚不能自

焦竑曰太史公孫鑛贊有曰能行之者未必能言能言之者未必能行則二子若無上下

孫子者吳

用以取敗北况區區祖其故智餘論者而能將乎且吳起與武一體之人也皆著書言兵世稱之曰孫吳然而吳起之言兵也輕法制草略無所統紀不若武之書詞約而意盡天下之兵說皆歸其中然吳起始用於魯破齊及入魏又能制秦兵入楚楚復霸而武之所爲反如是書之不足信也固矣今夫外御一隸內治一妾是賤丈夫亦能夫豈必有人而教之及夫御三軍之

茅坤曰數轉番覆烟波可愛

焦竑曰老泉論治衆如治寡更出孫子分數之外

衆鬭營而自圓或且有亂然則是三軍之衆惑之也故善將者視三軍之衆與視一隷一妾無加焉故其心常若有餘夫以一人之心當三軍之衆而其中恢恢然猶有餘地此韓信之所以多多而益辦也故夫用兵豈有異術哉能勿視其衆而已矣

王鳳洲曰此篇先論兵家之大凡後乃次其事詳之

袁了凡曰先言經之以五事後言因利制權經權二字一篇眼骨所論五事大都本軒轅來

孫子參同卷一

始計第一

蘇老泉曰孫吳之簡切十三篇宁

孫子曰兵者國之大事死生之地存亡之道不可不察也故經之以五事校之以計而索其情一曰道二曰天三曰地四曰將五曰法（五事之目）道者令民與上同意可與之死可與之生而不畏危也天者陰陽寒暑時制也地者遠近險易廣狹死生也將者智信仁勇嚴也法者曲制官道主用

知字重

前五事已盡兵家之勝而權則專之將故申言選將

五事是常法應變則在勢故曰佐其外

也凡此五者將莫不聞知之者勝不知者不勝

（緊承知之者勝二句）

故校之以計而索其情曰主孰有道將孰有能

（此所謂校此所謂索也）

天地孰得法令孰行兵衆孰强士卒孰練賞罰

孰明吾以此知勝負矣將聽吾計用之必勝留

（此言制勝者先選將）

（去留二轉結上起下）

之將不聽吾計用之必敗去之計利以聽乃爲

之勢以佐其外勢者因利而制權也兵者詭道

（此至不可先傳俱言詭道所謂因利制權之勢也）

也故能而示之不能用而示之不用近而示之

（一句一義）（波瀾）

遠遠而示之近利而誘之亂而取之實而備之

将謀行之間外而運籌則断之在裁故言廟堂之上貴多算揔之以其為國之大事死生之地不可不察而欲其君慎始之意

強而避之怒而撓之卑而驕之佚而勞之親而離之攻其無備出其不意此兵家之勝不可先傳也夫未戰而廟筭勝者得筭多也未戰而廟筭不勝者得筭少也多筭勝少筭不勝而況於無筭乎吾以此觀之勝負見矣

此言制勝者先定計廟堂之上

勢者因利而制權也勢者因其所利而制權變之道者也如韓信知趙王陳餘不用李左車之計是我之所利也乃敢遂下井陘使萬人先行出背水陣又選二千人人持一赤幟萆山而望趙軍戒曰若趙空壁逐我則疾入趙壁拔趙幟立漢赤幟

明日信建大將旗鼓鼓行出井陘口此因利制權之事也

故能而示之不能趙奢救閼與領兵去邯鄲三十里而止令軍中日有以軍事諫者死堅壁留二十八日不行復益增壘秦間使來入趙奢善食遣之間使還報秦將秦將大喜曰夫去國三十里而軍不行乃增壘閼與非趙地也趙奢既以遣秦間乃卷甲而趨之一日一夜至閼與離城五十里而軍發萬人拒北山秦師至遂大敗之解閼與而還

用而示之不用呂蒙詐稱病孫權露檄取廻以陸遜代之陰遣蒙圖羽秦令軍中有敢泄武安君爲將者斬因敗趙括段紀明欲擊鮮卑而詐爲召還是也段熲字

紀明桓帝時人後封新豐侯鮮卑犯塞頻擊之恐賊驚去乃詐稱璽書召還頻潛於還路設伏悉斬獲之

近而示之遠 越與吳夾水相拒越爲左右勾卒相去五里夜爭鳴鼓而進吳分兵禦之越乃潛涉水當中軍襲破吳兵又如岑彭申令西擊而潛兵渡沔是也

遠而示之近 欲遠襲敵必示以近進之形如韓信盛兵臨晉陳舟爲必渡之勢魏豹遣兵拒之信從夏口以木罌渡河襲破魏兵

利而誘之 李牧以利誘胡人入境因大破其衆楚人以採樵者誘絞人設伏兵以敗之

謝玄與符堅夾淝水而陣玄說秦

亂而取之退軍欲與之戰秦軍因退而亂玄遂進兵大破之馮異與赤眉戰使軍皆朱其眉以相亂遂破赤眉兵

強而避之敵人兵勢盛強且以避之如王霸閉城休士避周建蘇茂之鋒周亞夫謂楚兵剽輕難與爭鋒堅壁拒守待其饑疲出兵擊之

怒而撓之敵將剛忿則辱之令怒使其志氣撓惑則不謀而輕進故可掩而擊之若晉人執宛春以怒楚是也或曰忿速可侮

卑而驕之如冒頓以千里馬閼氏與東胡東胡志驕不爲之備又求地於冒頓冒頓怒襲而滅之越子率衆朝吳列士皆有賂子胥以爲豢吳後果爲所滅唐公李淵以

書與李密卑辭推奬李密果驕而取敗

佚而勞之

敵人本佚當設計勞之如吳三軍迭出而楚疲於奔命田豊說袁紹外結英豪內修耕戰然後簡其精銳分爲奇兵乘虛迭出以擾河南彼救右則擊其左救左則擊其右使操疲於奔命人不安業之類

親而離之

敵人上下相親當設計以離其心如項羽使至陳平以太牢具進及見使者則佯曰吾以爲亞父使今乃項王使也更以惡草具進使者歸告項羽羽由是不聽范增之計秦應侯使人問趙王曰廉將軍爲人易與且降矣今獨畏馬服君之子趙括爲將耳於是趙退廉頗而用括秦晉合兵伐鄭鄭遣使夜出說秦伯曰今得鄭則歸於晉

武子素臣者是開山第一解道字不合經文

於秦無益也不如捨鄭以爲東道主秦伯悟而退師

攻其無備出其不意呂蒙因關羽撤兵而襲取南郡鄧艾自陰平行無人之地七百里出蜀不意

魏武帝曰始計者選將量敵度地料卒計於廟堂也校計索情出計求彼我之情也一曰道謂導之以政令天者順天行誅因陰陽四時之制故司馬法曰冬夏不興師所以兼愛吾民也曲制者部曲旗幟金鼓之制也官者

分䟽甚明

百官之分也道糧路也主用主軍費用也五者將莫不聞知其變極則勝也法令孰行者設而不犯犯而必誅也以佐其外常法之外也制權權因事制也遠而示之近若韓信之襲安邑陳舟臨晉而渡於夏陽也實而備之敵治實預備之也強而避之避其所長也佚而勞之以計勞之也親而離之以間離之也攻其無備擊其懈怠也出其不意出其空虛

馳貫

浮此頭顱下
如破竹矣
將法究竟也
不是二件故
下文單承將
字

也先傳泄也　李卓吾曰經之以五事下五事也校之以計下七計也七計即五事其曰兵衆孰強等總不出五事中將與法二者而已言以此五事計筭校量於廊廟之上則彼我勝負之情自可索而得之矣將能聽吾計即爲能將自能於常法之外爲之勢以佐之矣勢者權勢也兵無定勢所謂詭道奇謀此則臨時因利而後制不可以先傳也唯有五

事七計兵家常法當預筭於先耳故曰始計始計者豫筭也君能豫筭將能豫筭則勝筭常在我矣以是用兵則臨時遇敵有不能因利而制權勢者乎　一曰道孫子已自註得明白矣曰道者令民與上同意可與之死可與之生而不畏危是也夫民而可與之同死生也則手足扞頭目子弟衛父兄不啻過矣孔子所謂民信孟子所謂得民心是也此始計

之本謀用兵之第一義而魏武乃以導之以政令解之失其本矣緣魏武平生好以權詐籠絡一時之豪傑而以道德仁義爲迂腐故只以自家心事作註解是豈至極之論萬世共由之説哉且夫道之以政令只解得法令孰行一句經耳噫此孫武子所以爲至聖至神天下萬世無以復加焉者也惜乎儒者不以取士以故弃置不讀遂判爲兩途别爲武

盈出庸奴面目

經右文而左武至於今日則左而又左蓋左之甚矣如是而望其折衝於樽俎之間不出戶庭不下堂堦而制變萬里之外可得耶箇箇皆能抱不哭孩兒一聞少警其毒尚不如蜂蠆而驚顧駭愕束手無措卽有正言亦不知是何說卽有眞將軍亦不知是何物此句不合論語此句不合孝經此說未之前聞此人行事不好此人有處可議嗚呼雖使孫武

子復生於今不如一記誦七篇擧子耳二塲三塲初不省是何言語咸自爲鹿鳴瓊林嘉客據坐瑶堂而欲奔走孫武子于堂下矣豈不羞歟夫孫武子且然况魏武乎益以市井奴輩視之矣嗚呼若魏武者吾以謂千載而一見者也學者慎勿作矮人觀塲之語可也

參考

卓吾子曰始計五事一曰道夫道莫先於得

探本窮源直向星子海底摸索

賢莫要於愛民得賢則明愛民則親所謂未戰而廟筭勝者此矣然非平日修德愛民以致賢人則賢者亦安能致之哉故惟德修而後賢人至唯賢人至而後德益修道益明民益親也此篇專爲君言故曰主孰有道其實將道亦如是而已矣故首述得賢爲將者當參考也

文王將田史編布卜曰田於渭陽將大得焉

至人開口便妙

非龍非彲非虎非羆兆得公侯天遺汝師以之佐昌施及三王文王曰兆致是乎史編曰編之太祖史疇爲舜占得皐陶兆比於此文王乃齊三日乘田車駕田馬田於渭陽卒見太公坐茅以漁文王勞而問之曰子樂漁耶太公曰君子樂得其志小人樂得其事今吾漁甚有似也文王曰何謂其有似也太公曰釣有三權祿等以權死等以權官等以權夫

情字一篇之骨

湯海若曰情之一字可以生而死可以死而生世間萬事總生於一情

物情

釣以求得也其情深可以觀大矣文王曰願聞其情太公曰源深而水流水流而魚生之情也根深而木長木長而實生之情也君子情同而親合親合而事生之情也言語應對者情之飾也言至情者事之極也今臣言至情不諱君其惡之乎文王曰唯仁人能受正諫不惡至情何爲其然太公曰緡微餌明小魚食之緡調餌香中魚食之緡隆餌豐大魚

語快而句奇

人情

得衆情

食之夫魚食其餌乃牽於緡人食其祿乃服於君故以餌取魚魚可殺以祿取人人可竭以家取國國可拔以國取天下天下可畢嗚呼曼曼緜緜其聚必散嘿嘿昧昧其光必遠微哉聖人之德誘乎獨見樂哉聖人之慮各歸其次而立斂焉文王曰立斂若何而天下歸之太公曰天下非一人之天下乃天下之天下也同天下之利者則得天下擅天下之

因天地之情

天下歸於情

利者則失天下天有時地有財能與人共之者仁也仁之所在天下歸之免人之死解人之難救人之患濟人之急者德也德之所在天下歸之與人同憂同樂同好同惡義也義之所在天下赴之凡人惡死而樂生好德而歸利能生利者道也道之所在天下歸之文王再拜曰允哉敢不受天之詔命乎乃載與俱歸立爲師

此篇非太公不能言非文王不可與言章法句法轉法接法绝妙文章

六賊七害須君心精明果决方能辨别

文王曰王人者何上何下何取何去何禁何止太公曰上賢下不肖取誠信去詐僞禁暴亂止奢侈故王人者有六賊七害夫六賊者一曰臣有大作宮室池榭遊觀倡樂者傷王之德二曰民有不事農桑任氣游俠犯歴法禁不從吏教者傷王之化三曰臣有結朋黨蔽賢智障主明者傷王之權四曰士有抗志高節以爲氣勢外交諸侯不重其主者傷王

之威五曰臣有輕爵位賤有司羞爲上犯難者傷功臣之勞六曰強宗侵奪凌侮貧弱傷庶人之業七害者一曰無智略權謀而重賞尊爵之故強勇輕戰僥倖於外王者謹勿使爲將二曰有名無實出入異言掩善揚惡進退爲巧王者謹勿與謀三曰朴其身躬惡其衣服語無爲以求名言無欲以求利此僞人也王者謹勿近四曰奇其冠帶偉其衣服博

聞辯辭虛論高議以爲美容窮居靜處而誹時俗此姦人也王者謹勿寵五曰譊佞苟得以求官爵果敢輕死以貪祿秩不圖大事貪利而動以高談虛論說於人主王者謹勿使六曰爲雕文刻鏤技巧華飾而傷農事王者必禁七曰僞方異技巫蠱左道不祥之言幻惑良民王者必止之故民不盡力非吾民也士不誠信非吾士也臣不忠諫非吾臣也吏

易以龍象乾乾變坤爲龍無首義本于此

不平潔愛人非吾吏也相不能富國強兵調和陰陽以安萬乘之主正羣臣定名實明賞罸詩樂萬民非吾相也夫王者之道如龍首高居而遠望深視而審聽示其形隱其情若天之高不可極也若淵之深不可測也故可怒而不怒姦臣乃作可殺而不殺大賊乃發兵勢不行敵國乃強文王曰君務舉賢而不獲其功世亂愈甚以至危亡者何也太公曰舉

入骨之論

造句矯健

賢而不用是有舉賢之名而無用賢之實也文王曰其失安在太公曰其失在君好用世俗之所譽而不得其賢也君以世俗之所譽者爲賢以世俗之所毁者爲不肖則多黨者進少黨者退若是則羣邪比周而蔽賢忠臣死於無罪姦臣以虛譽取爵位是以世亂愈甚則國不免於危亡

○黄石公曰夫所謂士者英雄也故曰羅其英

即此便與太公不同

至論

雄則敵國窮

黄石公曰千里迎賢其路遠致不肖其路近是以明主舍近而取遠故能全功尚人而下盡力廢一善而衆善衰賞一惡則衆惡歸

黄石公曰清白之士不可以爵祿得節義之士不可以威刑脇故明君求賢必觀其所以致焉致清白之士修其禮致節義之士修其道而後士可致而名可保夫聖人君子明盛

妙

衰之源通成敗之端審治亂之機知去就之節雖窮不處亡國之位雖貧不食亂邦之祿潛名抱道者時至而動則極人臣之位德合於已則建殊絕之功故其道高而名揚於後世

○尉繚子曰太公望年七十屠牛朝歌賣食盟津過七十餘而主不聽人人謂之狂夫也及遇文王則提三萬之衆一戰而天下定故曰

終是真豪傑

吴起淳于髡俱熟於揣摩以術干世主如出一律

良馬有策遠道可致賢士有合大道可明

吴起儒服以兵機見魏文侯文侯曰寡人不（便見兵机）

好軍旅之事起曰臣以見占隱以往察來主（詭）（兵机）

君何言與心違今君四時使斬離皮革掩以

朱漆畫以丹青爍以犀象冬日衣之則不溫

夏日衣之則不涼爲長戟二丈四尺短戟一

丈二尺革車掩戶縵輪籠轂觀之於目則不

麗乘之以田則不輕不識主君安用此也若

以備進戰退守而不求能用者譬猶伏雞之搏狸乳犬之犯虎雖有鬭心隨之死矣昔承桑氏之君修德廢武以滅其國家有扈氏之君恃衆好勇以喪其社稷明主鑒茲必内修文德外治武備故當敵而不進無逮於義矣僵屍而哀之無逮於仁矣於是文侯身自布席夫人捧觴醮吳起於廟立爲大將守西河與諸侯大戰七十六全勝六十四餘則均

天明則日月不明羣臣莫能及只為君咸聰明此了

解闗土四面拓地千里皆起之功也

○武侯甞謀事羣臣莫能及罷朝而有喜色起進曰昔楚莊王甞謀事羣臣莫能及罷朝而有憂色申公問曰君有憂色何也曰寡人聞之世不絶聖國不乏賢能得其師者王能得其友者覇今寡人不才而羣臣莫及者楚國其殆矣此楚莊王之所憂而君說之臣竊懼矣於是武侯有慚色

此對超于術數矣

妙妙

愛民二字是帝王心法

武侯問曰願聞陳必定守必固戰必勝之道起對曰立見且可豈直聞乎君能使賢者居上不肖者處下則陳已定矣民安其田宅親其有司則守已固矣百姓皆是我君而非鄰國則戰已勝矣

以上皆得賢之道

文王曰願聞爲國之大務太公曰愛民而已利而勿害成而勿敗生而勿殺與而勿奪樂

妙

軫念

而勿苦喜而勿怒文王曰敢請釋其故太公曰民不失務則利之農不失時則成之薄賦斂則與之儉宫室臺榭則樂之吏清不苛擾則喜之民失其務則害之農失其時則敗之無罪而罰則殺之重賦斂則奪之多營宫室臺榭以疲民力則苦之吏濁苛擾則怒之故善爲國者馭民如父母之愛子如兄之愛弟見其饑寒則爲之憂見其勞苦則爲之悲賞

摘懷

所為雖自己出
以有則歸之士
以天下土地封天
下英傑也祖垂
老也下之原作
也

罰如加於身賦斂如取於已此愛民之道也
太公曰惠施於民必無愛財民如牛馬數餧
食之從而愛之
黃石公曰夫爲國之道恃賢與民信賢如腹
心使民如四肢則策無遺所適如肢體相隨
骨節相救天道自然其巧無間敵強下之敵
佚去之爲者則已有者則士世能祖祖鮮能
下下祖祖爲親下下爲君

告祖庙敬元龜參天時直是一點愛民實心不能自已處

吳子曰昔之圖國家者必先教百姓而親萬民有四不和不和於國不可以出軍不和於軍不可以出陳不和於陳不可以進戰不和於戰不可以决勝是以有道之主將用其民先和而造大事不敢信其私謀必告於祖廟啓於元龜參之天時吉乃後舉民知君之愛其命惜其死若此之至而與之臨難則士以進死爲榮退生爲辱矣

能如此則人人湯武矣

吳子曰凡攻敵圍城之道城邑既破各入其宮御其祿秩收其器物軍之所至無刊其木無發其屋無取其粟無殺其六畜無燔其積聚示民無殘心其有請降許而安之

司馬法曰古者以仁爲本以義治之之謂正正不獲意則權權出於戰不出於中人是故殺人安人殺之可也攻其國愛其民攻之可也以戰止戰雖戰可也故仁見親義見說智

較前卷爲國規模自宏遠

見恃勇見方信見信内得愛焉所以守也外得威焉所以戰也戰道不違時不歷民病所以愛吾民也不加喪不因凶所以愛夫其民也冬夏不興師所以兼愛民也

以上皆愛民之道

○文王曰何如而可爲天下太公曰大蓋天下然後能容天下信蓋天下然後能約天下仁蓋天下然後能懷天下恩蓋天下然後能保

天下權蓋天下然後能不失天下事而不疑則天運不能移時變不能遷此六者備然後可以爲天下政故利天下者天下啟之害天下者天下閉之生天下者天下德之殺天下者天下賊之徹天下者天下通之窮天下者天下讐之安天下者天下恃之危天下者天下灾之天下者非一人之天下唯有道處之

文王曰先聖之道其所止其所趣可得聞乎

道所由行曰起不行曰亡

臨而無遠則下交矣沉而無隱則上交矣天地交爲泰泰禮者履也泰次履故曰或天或地大禮乃成

太公曰見善而怠時至而疑知非而處此三者道之所止也柔而靜恭而敬強而弱忍而剛此四者道之所起也故義勝欲則昌欲勝義則亡敬勝怠則吉怠勝敬則滅

文王曰君臣之禮何如太公曰爲上唯臨爲下唯沉臨而無遠沉而無隱爲上唯周爲下唯定周則天也定則地也或天或地大禮乃成文王曰主聽何如太公曰勿妄而許勿逆

而拒許之則失守拒之則閉塞高山仰止不可極也深淵度之不可測也神明之德正靜其極文王曰主明何如太公曰目貴明耳貴聰心貴智以天下之目視則無不見也以天下之耳聽則無不聞也以天下之心慮則無不知也輻輳並進則明不蔽矣

文王曰守國柰何太公曰齊將語君天地之經四時所生仁聖之道民機之情王齊七日

皇極經世無過此數語

北面再拜而問之太公曰天生四時地生萬物天下有民聖人牧之故春道生萬物榮夏道長萬物成秋道斂萬物盈冬道藏萬物靜盈則藏藏則復起莫知所終莫知所始聖人配之以爲天地經紀故天下治仁聖藏天下亂仁聖昌至道其然也聖人之在天地間也其寶固大矣因其常而視之則民安夫民動而爲機機動而得失爭矣故發之以其陰會

之以其陽爲之先唱而天下和之極反其常莫進而爭莫退而遜守國如此與天地同光文王曰守土柰何太公曰無疏其親無怠其衆撫其左右御其四旁無借人國柄借人國柄則失其權無掘壑而附丘無舍本而治末日中必彗操刀必割執斧必伐日中不彗是謂失時操刀不割失利之期執斧不伐賊人將來涓涓不塞將爲江河熒熒不救炎炎柰

自太公造此論一再變而遂有管商之徒

管子四民不雜處本此来

何兩葉不去將用斧柯是故人君必從事於富不富無以爲仁不施無以合親疏其親則害失其衆則敗無借人利器借人利器則爲人所害而不終其世

文王曰君國主民者其所以失之者何也太公曰不謹所與也人君無以三寶借人借人則君失其威文王曰敢問三寶太公曰大農太工大商謂之三寶農一其鄉則穀足工一

傳云西伯陰行善或本此耶

其鄉則器足商一其鄉則貨足三寶各安其處民乃不慮無亂其鄉無亂其旅臣無富於君都無大於國

文王在酆召太公曰嗚呼商王暴極罪殺不辜公尚助予憂民如何太公曰王其修德以下賢惠民以觀天道天道無殃不可先倡人道無灾不可先謀必見天殃又見人灾乃可以謀必見其陽又見其陰乃知其心必見其

外又見其內乃知其意必見其疏又見其親乃知其情行其道道可致也從其門門可入也立其禮禮可成也爭其強強可勝也全勝不鬭大兵無創與鬼神通微哉微哉與人同病相救同情相成同惡相助同好相趨故無甲兵而勝無衝機而攻無溝塹而守大智不智大謀不謀大勇不勇大利不利利天下者天下啟之害天下者天下閉之天下者非一

情情所起正在于此

儀論暢快然實墮权謀術數中矣

人之天下乃天下之天下也取天下者若逐
野獸而天下皆有分肉之心若同舟而濟濟
則皆同其利敗則皆同其害然則皆有以啟
之無有閉之也無取於民者取民者也無取
道家
民者民利之無取國者國利之無取天下者
天下利之故道在不可見事在不可聞勝在
不可知微哉微哉鷙鳥將擊卑飛斂翼猛獸
將搏弭耳俯伏聖人將動必有愚色大哉聖

憂虞曰憂悔吝曰嗇遒聚也詩曰敷政優々百祿是遒

藏則行々復勿明正是與時偕移無為自然

人之德獨聞獨見樂哉

文王曰聖人何守太公曰何憂何嗇萬物皆得何嗇何憂萬物皆遒政之所施莫知其化時之所在莫知其移聖人守此而萬物化何窮之有終而復始優而游之展轉求之求而得之不可不藏既以藏之不可不行既以行之勿復明之夫天地不自明故能長生聖人不自明故能名彰古之聖人聚人而爲家聚

靜即何憂以畫也

妙

家而爲國聚國而爲天下分封賢人以爲萬國命之曰大紀陳其政教順其民俗羣曲化直變於形容萬國不通各樂其所人愛其上命之曰大定嗚呼聖人務靜之賢人務正之愚人不能正故與人爭上勞則刑繁刑繁則民憂民憂則流亡上下不安其生累世不休命之曰大失天下之人如流水障之則止啟之則行靜之則清嗚呼神哉聖人見其始則

純王云政道家之語

無爲便是靜

知其終文王曰靜之柰何太公曰天有常形民有常生與天下共其生而天下靜矣太上因之其次化之夫民化而從政是以天無爲而成事民無爲而自富此聖人之德也

黃石公曰夫能扶天下之危者則據天下之安能除天下之憂者則享天下之樂能救天下之禍者則獲天下之福故澤及於民則賢人歸之澤及昆蟲則聖人歸之

格言

方同兩向皆同也

黄石公曰釋近謀遠者勞而無功釋遠謀近者佚而有終佚政多忠臣勞政多怨民故曰務廣地者荒務廣德者強能有其有者安貪人之有者殘

司馬法曰古之教民必立貴賤之倫經使不相陵德義不相踰材技不相掩勇力不相犯故方同而意和也古者國容不入軍軍容不入國故德義不相踰上貴不伐之士不伐之

士上之器也茍不伐則無求無求則不爭國中之聽必得其情軍旅之聽必得其宜故材技不相掩從命爲士上賞犯命爲士上戮故勇力不相犯

以上皆慎修之道

卓吾子曰始計五事二曰天三曰地天者陰陽寒暑時制也地者遠近險易廣狹生死也故參孜以天地

天人是一是二

而已矣三字不得真切

文王曰天下熙熙一盈一虛一治一亂所以然者何也其君賢不肖不等乎其天時變化自然乎太公曰君不肖則國危而民亂君賢聖則國安而民治禍福在君不在天時

梁惠王問尉繚子曰黃帝刑德可以百勝有之乎尉繚子對曰刑以伐之德以守之非所謂天官時日陰陽向背也黃帝者人事而已矣何者今有城東西攻不能取南北攻不能

考之人事歷歷有據

取四方豈無順時乘之者耶然不能取者城高池深兵器備具財穀多積豪士一謀者也若城下池淺守弱則取之矣由是觀之天官時日不若人事也按天官曰背水陳爲絶紀向阪陳爲廢軍武王伐紂背濟水向山阪而陳以二萬二千五百人擊紂之億萬而滅商豈紂不得天官之陳哉楚將公子心與齊人戰時有彗星出柄在齊柄所在勝不可擊公

子心曰彗星何知以彗鬬者固倒而勝焉明日與齊戰大破之黃帝曰先神先鬼先稽我智謂之天官人事而已

尉繚子曰武王伐紂師渡盟津左旄右鉞死士三百戰士三萬紂之陳億萬飛廉惡來身先戟斧陳開百里武王不罷士民兵不血刃而克商伐紂無祥異也人事修不修而然也今世將考孤虛占咸池合龜兆視吉凶觀星

無此問答則天官竟似無謂

鈔

辰風雲之變欲以成勝立功臣以爲難
太宗曰陰陽術數廢之可乎靖曰不可兵者
詭道也託之以陰陽術數則使貪使愚茲不
可廢也太宗曰卿嘗言天官時日明將不法
闇者拘之廢亦宜然靖曰昔紂以甲子日亡
武王以甲子日興天官時日甲子一也殷亂
周治興亡異焉又宋武帝以往亡日起兵軍
吏以爲不可帝曰我往彼亡果克之由此言

邵公子心意

泄盡天機矣

之可廢明矣然而田單爲燕所圍單命一人爲神拜而祠之神言燕可破單於是以火牛出擊燕大破之此是兵家詭道天官時日亦猶此也

武侯問曰三軍進止豈有道乎起對曰無當天竈無當龍頭天竈者大谷之口龍頭者大山之端必左青龍右白虎前朱雀後玄武招搖在上從事於下將戰之時審候風所從來

二說不同以便乎人事則一

風順致呼而從之風逆堅陳以待之

太宗曰太公云以步兵與車騎戰者必依丘墓險阻又孫子云天隙之地丘墓故城兵不可處如何靖曰用衆在乎心一心一在乎禁祥去疑儻主將有所疑忌則羣情摇羣情摇則敵乘釁而至矣故安營據地便乎人事而已若澗井陷隙之地及如牢如羅之處人事不便者也故兵家引而避之防敵乘我丘墓

是深於兵矣

故城非絕險處我得之爲利豈宜反去之乎太公所說兵之至要也太宗曰朕思凶器無甚於兵者行兵苟便於人事豈以避忌爲疑今後諸將有以陰陽拘忌失於事宜者卿當叮嚀誡之靖再拜謝曰臣按尉繚子曰黄帝以德守之以刑伐之是謂刑德非天官時日之謂也然詭道可使由之不可使知之後世庸將泥於術數是以多敗不可不誡也

此篇専解始計二字

豫選將

豫訓練器具

以上皆言知天知地

○卓吾子曰始計五事四曰將五曰法將者智信仁勇嚴也故曰將孰有能而繼之曰兵衆孰強士卒孰練賞罰孰明然則賞罰明而士卒練兵衆強者其爲有能之將審矣法者曲制官道主用也曲制者部曲之制官道者統攝偏裨各官之道主用者主軍中凡百之用此皆一定之法唯得人以主之而後軍用不

豫廟算

雖臨時應變也須打定預算中來總是一々始計

忘也夫天下雖大好戰必亡天下雖安忘戰必危有國家者可一日而忘戰乎唯以不教民戰以不知兵者將斯殆耳故未戰而廟算勝始謂得算多夫未戰而廟算已勝未戰而彼我之勝負已可計索而立見其情則凡詭道奇謀要不過爲將者臨時因敵制勝以佐之耳其必勝之戰豈至此而後決乎故曰始計言計之於始者不可以不豫也若臨敵而

人參全才皆
先避其所短
用其所長

後選將又安得爲豫計於始而得廟算之勝也邪其爲忘戰之主必危之國無疑矣故讀始計者尤不可不留意也因具述六書選將練兵行賞之法以備參攷如左云

武王曰論將之道柰何太公曰將有五才十過所謂五才者勇智仁信忠也勇則不可犯智則不可亂仁則愛人信則不欺忠則無二心所謂十過者有勇而輕死者有急而心速

者有貪而好利者有仁而不忍人者有智而心怯者有信而喜信人者有廉潔而不愛人者有智而心緩者有剛毅而自用者有懦而喜任人者勇而輕死者可暴也急而心速者可久也貪而好利者可貴也仁而不忍人者可勞也智而心怯者可窘也信而喜信人者可誑也廉潔而不愛人者可侮也智而心緩者可襲也剛毅而自用者可事也懦而喜任

必死可殺

愛民

可煩

句雋

若肉眼皮相
便顛倒玉石

人者可欺也故兵者國之大事存亡之道命在於將將者國之輔先王之所重也故置將不可不察也故曰兵不兩勝亦不兩敗兵出踰境不出十日不有亡國必有敗軍破將

武王曰王者舉兵簡練英雄知士之高下爲之奈何太公曰夫士外貌不與衷情相應者十五有賢而不肖者有溫良而爲盜者有貌恭敬而心慢者有外廉謹而內無恭敬者有

與莊子九徵
大略相似

精精而無情者有湛湛而無誠者有好謀而無決者有如果敢而不能者有悾悾而不信者有恍恍惚惚而反忠實者有詭激而有功効者有外勇而內怯者有肅肅而反易人者有嗃嗃而反靜慤者有勢虛形劣而出外無所不至無使不遂者天下所賤聖人所貴凡人不知非有大明不見其際此士之外貌不與衷情相應也武王曰何以知之太公曰知

之有八證一曰問之以言以觀其詳二曰窮之以辭以觀其變三曰與之間諜以觀其誠四曰明白顯問以觀其德五曰使之以財以觀其廉六曰試之以色以觀其貞七曰告之以難以觀其勇八曰醉之以酒以觀其態八證皆備則賢不肖别矣

武王曰立將之道柰何太公曰凡國有難君避正殿召將而詔之曰社稷安危一在將軍

君重其任使將得一其權

今某國不臣願將軍帥師應之將旣受命乃命太史卜齊三日之太廟鑽靈龜卜吉日以受斧鉞君入廟門西面而立將入廟門北面而立君親操斧持首授將其柄曰從此上至天者將軍制之復操鉞持柄授其將以刃曰從此下至淵者將軍制之見其虛則進見其實則止勿以三軍爲衆而輕敵勿以受命爲重而必死勿以身貴而賤人勿以獨見而違

將重其事上下方一其心

衆勿以辨説而必然士未坐勿坐士未食勿食寒暑必同如此士衆必盡死力將已受命拜而報君曰臣聞國不可從外治軍不可從中御二心不可以事君疑志不可以應敵臣既受命專斧鉞之威臣不敢生還願君亦垂一言之命於臣君不許臣臣不敢將君許之乃辭而行軍中之事不聞君命皆由將出臨敵決戰無有二心若此則無天於上無地於

到此却非法令所能及

下無敵於前無君於後是故智者爲之謀勇者爲之鬬氣厲青雲疾若馳騖兵不接刃而敵降服戰勝於外功立於內吏遷上賞百姓懽悅將無咎殃是故風雨時節五穀豐登社稷安寧

武王曰吾欲三軍之衆攻城爭先登野戰爭先赴聞金聲而怒聞鼓聲而喜爲之柰何太公曰將有三將冬不服裘夏不操扇雨不張

将不知有身乃知士卒

士爲知己死則不知有身

蓋名曰禮將將不身服禮無以知士卒之寒暑出隘塞犯塗泥將必先下步名曰力將將不身服力無以知士卒之勞苦軍皆定次將乃就舍炊者熟將乃就食軍不舉火將亦不舉名曰止欲將將不身服止欲無以知士卒之饑飽將與士卒共寒暑勞苦饑飽故三軍之衆聞鼓聲則喜聞金聲則怒高城深池矢石繁下士爭先登白刃始合士爭先赴士

批

至言

非好死而樂傷也爲其將知饑飽寒暑之審而見勞苦之明也

文王曰賞所以存勸罰所以示懲吾欲賞一以勸百罰一以懲衆爲之柰何太公曰凡用賞者貴信用罰者貴必賞信罰必於耳目之所聞見則所不聞見者莫不陰化矣夫誠暢於天地通於神明而况於人乎

武王曰將何以爲威何以爲明何以爲禁止

有犯必誅雖小亦威此言殺貴大亦是必行之意

因之二字是最上一乘法門最毒一着毒着

而令行太公曰將以誅大爲威以賞小爲明以罰審爲禁止而令行故殺一人而三軍震者殺之賞一人而萬人悅者賞之殺貴大賞貴小殺及當路貴重之人是刑上極也賞及牛豎馬洗廐養之徒是賞下通也刑上極賞下通是將威之所行也

○武王曰予欲立功有三疑恐力不能攻強離親散衆爲之柰何太公曰因之慎謀用財夫

詭道

漢得群策群力楚屈羣力古來成敗只爭此一着

攻強必養之使強益之使張太強必折太張必缺攻強以強離親以親散衆以衆凡謀之道周密爲寶

黄石公曰夫主將之法務擥英雄之心賞祿有功通志於衆故與衆同好靡不成與衆同惡靡不傾

黄石公曰夫將帥者必與士卒同滋味而共安危敵乃可加故兵有全勝敵有全因昔者

中山君曰吾以一羊羹而失國以一壺飡而得二烈士

良將之用兵有饋箪醪者使投諸河與士卒同流而飲夫一箪之醪不能味一河之水而三軍之士思爲致死者以滋味之及已也軍讖曰軍井未達將不言渴軍幕未辦將不言倦軍竈未炊將不言饑冬不服裘夏不操扇雨不張蓋是謂將禮與之安與之危故其衆可合而不可離可用而不可疲以其恩素蓄謀素合也故曰蓄恩不倦以一取萬

以恕己之心治人

黃石公曰夫用兵之要在崇禮而重祿禮崇則智士至祿重則義士輕死故祿賢不愛財賞功不踰時則下力併敵國削夫用人之道尊以爵贍以財則士自來接以禮勵以義則士死之

軍讖曰良將之統軍也恕己而治人推惠施恩士力日新戰如風發攻如決河故其衆可望而不可當可下而不可勝以身先人故其

即老氏所爲知其雄守其雌之謂

兵爲天下雄

軍讖曰柔能制剛弱能制強柔者德也剛者賊也弱者人之所助強者人之所攻柔有所設剛有所施弱有所用強有所加兼此四者而制其宜端末未見人莫能知天地神明與物推移變動無常因敵轉化不爲事先動而輒隨故能圖制無疆扶成天威康正八極密定九夷如此謀者爲帝王師故曰莫不貪強

鮮能守微若能守微乃保其生聖人存之以應事機舒之彌四海卷之不盈杯居之不以室宅守之不以城郭藏之胸臆而敵國服軍讖曰能柔能剛其國彌光能弱能強其國彌彰純柔純弱其國必削純剛純強其國必亡軍讖曰將能清能靜能平能整能受諫能聽訟能納人能採言能知國俗能圖山川能表險難能制軍權故曰仁賢之智聖明之慮負

如此大將千古不一二見者

薪之言廊廟之語興衰之事將所宜聞將者能思士如渴則策從焉

軍讖曰將之所以爲威者號令也戰之所以全勝者軍政也士之所以輕戰者用命也故將無還令賞罰必信如天如地乃可使人士卒用命乃可越境夫統軍持勢者將也制勝敗敵者衆也故亂將不可使保軍乖衆不可使伐人

軍讖曰將謀欲密士衆欲一攻敵欲疾將謀密則姦心閉士衆一則軍心結攻敵疾則備不及設軍有此三者則計不奪將謀泄則軍無勢外窺内則禍不制財入營則衆姦會將有此三者軍必敗將無慮則謀士去將無勇則吏士恐將妄動則軍不重將遷怒則一軍懼軍讖曰慮也勇也將之所重動也怒也將之所用此四者將之明誡也

句点辨

○軍識曰軍無財士不來軍無賞士不往軍識曰香餌之下必有死魚重賞之下必有勇夫故禮者士之所歸賞者士之所死招其所歸示其所死則所求者至故禮而後悔者士不往賞而後悔者士不使禮賞不倦則士爭死軍識曰興師之國務先隆恩攻取之國務先養民以寡勝衆者恩也以弱勝強者民也故良將之養士不易於身故能使三軍如一心

樂是君臣相得憂是憂謀畏訊

則其勝可全

軍讖曰軍以賞爲表以罰爲裏賞罰明則將威行官人得則士卒服所任賢則敵國畏軍讖曰賢者所適其前無敵故士可下而不可驕將可樂而不可憂謀可深而不可疑

軍勢曰使義士不以財故義者不爲不仁者死智者不爲闇主謀

軍勢曰使智使勇使貪使愚智者樂立其功

彼之私情我之妙用

恐其惑衆也

勇者好行其智貪者邀趨其利愚者不顧其死因其至情而用之此軍之微權也

軍勢曰無使辯士談說敵美爲其惑衆無使仁者主財爲其多施而附於下軍勢曰禁巫祝不得爲吏士卜問軍之吉凶

尉繚子曰將帥者心也羣下者支節也其心動以誠則支節必力其心動以疑則支節必背夫將不心制卒不節動雖勝幸勝也非攻

恩不可專用故先言畏罰不可獨行故又言愛陰符經曰恩生於害々生于恩

權也夫民無兩畏也畏我侮敵畏敵侮我見侮者敗立威者勝凡將能其道者吏畏其將也吏畏其將者民畏其吏也民畏其吏者敵畏其民也是故知勝敗之道者必先知畏侮之權夫不愛說其心者不我用也不嚴畏其心者不我舉也愛有下順威在上立愛故不二威故不犯故善將者愛與威而已戰不必勝不可以言戰攻不必拔不可以言攻不然

求亡子必得也救溺人急疾也

雖刑賞不足信也信在期前事在未兆故衆已聚不虛散兵已出不徒歸求敵若求亡子擊敵若救溺人

○尉繚子曰地所以養民也城所以守地也戰所以守城也故務耕者民不饑務守者地不危務戰者城不圍三者先王之本務也本務者兵最急故先王專於兵有五焉委積不多則事不行賞祿不厚則民不勸武士不選則

衆不強備用不便則力不壯刑賞不中則衆
不畏務此五者靜能守其所固動能成其所
欲夫以居攻出則居欲重陣欲堅發欲畢鬭
欲齊王國富民霸國富士僅存之國富大夫
亡國富倉府所謂上滿下漏患無所救
尉繚子曰令者一衆心也衆不審則數變數
變則令雖出衆不信矣故令之之法小過無
更小疑無中故上無疑令則衆不二聽動無

民信之矣實事爾鞅徙木哉

疑事則衆不二志未有不信其心而能得其力者也未有不得其力而能致其死戰者也故國必有禮信親愛之義則可以饑易飽國必有孝慈廉恥之俗則可以死易生

尉繚子曰夫將能提鼓揮枹臨難決戰接兵角刃鼓之而當則賞功立名鼓之而不當則身死國亡是存亡安危在於枹端奈何無重將也夫提鼓揮枹接兵角刃君以武士成功

無制則將權一
將權一則士卒之心一

者臣以爲非難也鷙鳥逐雀有襲人之懷入
人之室者非出生也後有憚也
尉繚子曰夫將者上不制於天下不制於地
中不制於人故兵者凶器也爭者逆德也將
者死官也故不得已而用之無天於上無地
於下無主於後無敵於前一人之兵如狼如
虎如風如雨如雷如霆震震冥冥天下皆驚
勝兵似水夫水至柔弱者也然所觸丘陵必

下引吳起爲例

爲之崩無異也性專而觸誠也今以莫邪之利犀兕之閒三軍之衆有所奇正則天下莫當其戰矣故曰舉賢用能不時日而事利明法審令不卜筮而獲吉貴功養勞不禱祠而得福又曰天時不如地利地利不如人和古之聖人謹人事而已吳起與秦戰舍不平隴畝樸樕蓋之以蔽霜露如此何也不自高人故也乞人之死不索尊竭人之力不責禮故

即是勿以身貴而賤人

古者甲胄之士不拜示人無巳煩也夫煩人而欲乞其死竭其力自古至今未嘗聞矣將受命之日忘其家張軍宿野忘其親援枹而鼓忘其身吳起臨戰左右進劒起曰將專主旗鼓爾臨難決疑揮兵指刄此將事也一劒之任非將事也三軍成行一舍而後成三舍三舍之餘如決川源望敵在前因其所長而用之敵白者堊之赤者赭之吳起與秦戰未

文似六朝

合一夫不勝其勇前獲雙首而還吳起立斬之軍吏諫曰此材士也不可斬起曰材士則是矣非吾令也斬之

司馬法曰賞不踰時欲民速得爲善之利也罰不遷刻欲民速覩爲不善之害也大提不賞上下皆不伐善上苟不伐善則不驕矣下苟不伐善必亡等矣上下不伐善若此讓之至也大敗不誅上下皆以不善在已上苟以

能任事的是勇極壞事的也是勇既謂之將便不當專以勇論

不善在巳必悔其過下苟以不善在巳必遠其罪上下分惡若此讓之至也古者戍軍三年不典覿民之勞也上下相報若此和之至也得意則愷歌示喜也偃伯靈臺荅民之勞示休也

○吳子曰夫總文武者軍之將也兼剛柔者兵之事也凡人論將常觀於勇勇之於將乃數分之一爾夫勇者必輕合輕合而不知利未

能慎方是勇

可也故將之所慎者五一曰理二曰備三曰果四曰戒五曰約理者治衆如治寡備者出門如見敵果者臨敵不懷生戒者雖克如始戰約者法令省而不煩受命而不辭家敵破而後言返將之禮也故師出之日有死之榮無生之辱

○吳子曰凡兵之所起者有五五者之數各有其道義必以禮服強必以謙服剛必以辭服

坐漏船伏燒屋遂戰則生稍遲必死

周禮中春教振旅司馬以旗致民辨鼓鐸鐲鐃之用

暴必以詐服逆必以權服

吳子曰凡兵戰之場止屍之地必死則生幸生則死其善將者如坐漏船之中伏燒屋之下使智者不及謀勇者不及怒受敵可也故曰用兵之害猶豫最大三軍之灾生於孤疑

吳子曰夫鼙鼓金鐸所以威耳旌旗麾幟所以威目禁令刑罰所以威心耳威於聲不可不清目威於色不可不明心威於刑不可不

此與九變地形等篇互相發明

嚴三者不立雖有其國必敗於敵故曰將之所麾莫不從移將之所指莫不前死

吳子曰凡戰之要必先占其將而察其才因其形而用其權則不勞而功舉其將愚而信人可詐而誘貪而忽名可貨而賂輕變無謀可勞而困上富而驕下貧而怨可離而間進退多疑其衆無依可震而走士輕其將而有歸志塞易開險可邀而取進道易退道難可

來而前進道險退道易可薄而擊居軍下濕水無所通霖雨數至可灌而沈居軍荒澤草楚幽穢風飈數至可焚而滅停久不移將士懈怠其軍不備可潛而襲

武侯問曰兩軍相望不知其將我欲相之其術如何起對曰令賤而勇者將輕銳以嘗之務於北無務於得觀敵之來一坐一起其政以理其追北佯爲不及其見利佯爲不知如

此將者名爲智將勿與戰矣若其衆讙譁旌旗煩亂其卒自行自止其兵或縱或橫其追北恐不及見利恐不得此爲愚將雖衆可獲武侯問曰嚴刑明賞足以勝乎起對曰嚴明之事臣不能悉雖然非所恃也夫發號布令而人樂聞興師動衆而人樂戰交兵接刃而人樂死此三者人主之所恃也武侯曰致之柰何對曰君舉有功而進饗之無功而勵之

樂字妙嚴明不足禁其身樂則渭至心矣

如此激勸衆出
須不効死力

於是武侯設坐廟庭爲三行饗士大夫上功坐前行餚席兼重器上牢次功坐中行餚席器差減無功坐後行餚席無重器饗畢而出又頒賜有功者父母妻子於廟門外亦以功爲差有死事之家歲遣使者勞賜其父母著不忘於心行之三年秦人興師臨於西河魏士聞之不待吏令介冑而奮擊之者以萬數武侯召吳起而謂曰子前日之教行矣起對

三軍一心深於將者

曰臣聞人有短長氣有盛衰君試發無功者五萬人臣請率以當之脫其不勝取笑於諸侯失權於天下矣令使一死賊伏於曠野千人追之莫不梟視狼顧何者恐其暴起而害已也是以一人投命足懼千夫今臣以五萬之衆而爲一死賊率以討之固難敵矣

以上皆言將與法

卓吾子曰夫法者將之所設亦將之所守也

說到此際是宿將所難

故語將而法自寓矣合而言之是五事也凡爲將者孰不熟聞之乎苟或語之以此五事又孰不以爲皆老將之所常談乎然其實不知也其實不知則雖日聞五事何益歟故曰此五者將莫不聞知之者勝不知者不勝聞之而不知此將之所以難也李衛公亦有五事之目與此同而意各別余謂必如此乃可謂眞知五事者故具錄如左以備參考

太宗曰兵法孰爲最深者靖曰臣嘗分爲三等使學者當漸而至焉一曰道二曰天地三曰將法夫道之說至微至深易所謂聰明睿智神武而不殺者是也夫天之說陰陽地之說險易善用兵者能以陰奪陽以險攻易孟子所謂天時地利者是也夫將法之說在乎任人利器三略所謂得士者昌管仲所謂器必堅利者是也

孫子參同卷一

終

王鳳洲曰欲戰必先算其費故篇中屢言久役之害

衰了凡曰此篇先言足食後言進戰故以作戰名篇前後勝字相呼應

孫子參同卷二

作戰第二

孫子曰凡用兵之法馳車千駟革車千乘帶甲十萬千里饋糧内外之費賓客之用膠漆之材車甲之奉日費千金然後十萬之師舉矣其用戰也勝久則鈍兵挫銳攻城則力屈久暴師則國用不足夫鈍兵挫銳屈力殫貨則諸侯乘其弊而起雖有智者不能善其後矣故兵聞拙速

呼起

以下分七段連用七故字

此段言用兵之害

無其害便有其利

但言國用不足勢必取足于民到百姓財竭直是無可柰何矣此武子與緊打動人處見不得不弄費意

未覩巧之久也夫兵久而國利者未之有也故不盡知用兵之害者則不能盡知用兵之利也善用兵者役不再籍糧不三載取用於國因糧於敵故軍食可足也國之貧於師者遠輸遠輸則百姓貧近師者貴賣貴賣則百姓財竭財竭則急於丘役力屈財殫中原內虛於家百姓之費十去其七公家之費破車罷馬甲胄弓矢戟楯矛櫓丘牛大車十去其六故智將務食於敵

此言欲知其利必先知其害

此言用兵之利在于足食

此段極言遠輸之苦見

因糧於敵之利

食敵一鍾當吾二十鍾𦮼秆一石當吾二十石故殺敵者怒也取敵之利者貨也車戰得車十乘以上賞其先得者而更其旌旗車雜而乘之卒善而養之是謂勝敵而益強故兵貴勝不貴久故知兵之將民之司命國家安危之主也

攻城則力屈攻人之城久而不下其力必至於困屈若祿山之亂尹子奇令狐潮等攻睢陽久而不下張巡許遠設奇殺賊甚衆後雖城陷而子奇令狐之力已困矣

諸侯乘其獘而起如吳伐楚入郢後又加兵於晋盟於潢池久而不歸

越襲滅之當時雖有伍員孫武不能爲之謀矣隋大業初煬帝重兵好征力屈鴈門之下兵挫遼水之上疏河引淮轉輸彌廣楊玄感李密起乘其弊縱有蘇威高熲豈能爲之善謀於後乎

兵聞拙速未覩巧之久也

雖拙有以速勝久雖巧恐生後患也

後秦姚萇與符登相持萇將苟曜據逆萬堡密引符登萇與登戰敗於馬頭原收衆復戰萇曰登用兵持緩不識虛實今輕兵直進徑據吾東必苟曜與之連結也事久變成其禍難測所以速戰者欲使苟曜豎子謀之未成計之未深耳果大敗之武后初徐敬業舉兵江都問計於魏思恭對曰兵貴拙速宜早渡淮北親率大衆直入東都山東將士知公有

勤王之衆必以死從此則指日刻期天下必定敬業不從果敗

取用於國因糧於敵兵甲戰具取之國中物輕而易致也糧餉因於敵粟重而難運也如晋師館穀於楚是也

國之貧於師者遠輸遠輸則百姓貧國家困於師旅者必其糧之遠輸也糧既遠輸則百姓貧乏管子曰粟行三百里則國無一年之積粟行四百里則國無二年之積粟行五百里則衆有饑色今以七十萬家之力千里饋糧供給十萬之衆百姓安得不貧乎

近師者貴賣貴賣則百姓財竭財竭則急於

丘役百姓近於師旅者必貪利而貴賣其物於遠來輸糧之人則財不得不空竭矣百姓財竭則急於丘役供給之事丘役者驗丘甸之數而供役也如春秋成公時作丘甲之類丘十六井甸六十四井也

故殺敵者怒也故軍士能殺敵者在激其怒氣也如田單守即墨令間諜燕使盡劓齊卒之降者又諜使燕人掘城外塚墓於是即墨城中士卒皆怒欲殊死戰

取敵之利者貨也後漢荊州刺史度尚侯軍士出獵寇使人燒其珍積獵者還莫不泣涕尚因激之曰卜陽潘鴻等財貨足富數世諸卿但不併力耳所亡少少何足介意衆皆奮踴願戰遂破潘鴻趙太祖命將伐蜀諭之曰所獲帑藏悉以饗士國家

若僅僅沉千金便屬寒酸策

所欲惟土疆耳由是將吏死戰所至皆下遂平蜀

魏武帝曰作戰者欲戰必先算其費務因糧於敵也馳車輕車駕駟馬革車重車也日費千金購賞猶在外也鈍挫也屈盡也拙速雖拙有以速勝未覩言無也役不再籍籍猶賦也初賦民便取勝不復歸國發兵也糧不三載始用糧後遂因糧於敵還兵入國不復以糧迎之也取用於國兵甲戰具取用於國中

也近師者貴賣軍行已出界近於師者貪財皆貴賣則百姓虛竭也丘十六家也丘牛謂丘邑之牛大車長轂車也萁豆稭秆禾稾也石百二十斤也轉輸之法費二十石乃得一石也殺敵者怒威怒以致敵也取敵之利者貨軍無財士不來軍無賞士不往也更其旌旗與吾同也雜而乘之不獨任也益強益巳之強也不貴久久則不利也兵猶火也不戢

卓老闡千古云蒙矣

情酣詞暢筆走龍蛇

將自焚也　李卓吾曰始計之後便言作戰者言欲行師須知日費之廣饋糧之難必先振作士氣速圖取勝不宜持久也雖曰作戰其實皆是不欲戰之意耳何也蓋如此則鈍兵不可也如此則力屈不可也如此則財殫不可也如此則國貧於遠輸財竭於貴賣不可也如此則中原內虛私家之費十去其七公家之費十去其六不可也唯有因糧於敵

弄巧反拙偏是聰明人犯此

務食於敵乃可耳然亦不可以久也故至於不得已而戰寧速毋久寧拙毋巧但能速勝雖拙可也非愛拙也以言速勝爲巧之至而人不知也故未見有巧而久者則凡久於師者是謂眞拙矣其愼重於戰何如哉故終之以貴勝不貴久而又叮嚀以告之曰此民之司命國家安危之主也誠不可以不愼也然則善戰者服上刑正孫武子之所不赦矣或

較之魏武更覺明白

曰籍籍民爲兵也近師者貴賣近師之地人多物少售賣必貴也丘役卽丘賦軍中財用旣竭則丘甸之役又不得不急也鍾量名受六斛四斗殺敵者怒激怒我軍令殺敵人如田單之守卽墨是也取敵之利者貨以貨與人乃可取敵如趙充國守金城誘羌豪自相斬捕每獲一人予錢四十萬羌人自擕先零坐困是也

參考

卓吾子曰糧不三載三載者隨糧繼糧迎糧也三載而戰國安得不貧於轉輸乎是未能勝敵而先自敝也又曰近師者貴賣貴賣則百姓財竭然則可聽其貴賣而不有以處之乎處之者市也故備述運糧之難與爲市之法如左

黃石公曰軍讖曰用兵之要必先察敵情視

與管子同

其倉庫度其糧食卜其強弱察其天地伺其空隙故國無軍旅之難而運糧者虛也民菜色窮也千里饋糧士有饑色樵蘇後爨師不宿飽夫運糧百里無一年之食二百里無二年之食三百里無三年之食是國虛國虛則民貧民貧則上下不親敵攻其外民盜其內是謂必潰

太宗曰兵貴爲主不貴爲客貴速不貴久何

奇妙入神

千言萬語不出中節二字

也靖曰兵不得已而用之安在爲客且久哉孫子曰遠輸則百姓貧此爲客之弊也又曰役不再籍糧不三載此不可久之驗也臣較量主客之勢則有變客爲主變主爲客之術太宗曰何謂也靖曰因糧於敵是變客爲主也飽能饑之佚能勞之是變主爲客也故兵不拘主客遲速唯發必中節所以爲宜太宗曰古人有諸靖曰昔越伐吳以左右二軍鳴

正兵

鼓而進吳分兵禦之越於中軍潜涉不鼓襲敗吳師此變客爲主之驗也石勒與姬澹戰澹兵遠來勒遣孔萇爲前鋒逆戰澹軍孔萇退而澹來追勒以伏兵夾擊之澹軍大敗此變勞爲佚之驗也古人如此者多

右言糧

尉繚子曰凡兵不攻無過之城不殺無罪之人夫殺人之父兄利人之貨財臣妾人之子

惡其殘也

蒙衝攻具也
渠答鐵蒺藜

女此皆盜也故兵者所以誅暴亂禁不義也兵之所加者農不離其田業賈不離其肆宅士大夫不離其官府由其武議在於一人故兵不血刃而天下親焉萬乘（大國）農戰千乘（次國）救守百乘（小國）事養農戰不外索權救守不外索助事養不外索資夫出不足戰入不足守者治之以市市者所以給戰守也萬乘無千乘之助必有百乘之市古人曰無蒙衝而攻無渠答

市者所以通有無均貴賤故謂之百貨之官

而守是謂無善之軍視無見聽無聞由國無市也夫市也者百貨之官也市賤賣貴以限士人人食粟一斗馬食菽三斗人有饑色馬有瘠形何也市有所出而官無主也夫提天下之節制而無百貨之官無謂其能戰也起兵直使甲冑生蟣蝨必爲吾所効用也

右言市

卓吾子曰知兵之將民之司命國家安危之

此三句往往忽過一經陶淡不覺意味深長

暢談

主何謂也夫民以命爲重而司命者在將國家以安危爲重而主安危者亦在將將其可以易言乎所謂民命者非止三軍之命也十萬之軍興則七十萬家之民不得事農畝而七十萬家之命皆其所司矣又不但此七十萬家之民巳也國貧於轉輸財竭於貴賣賦急於丘役私家公家並受其敝其屈力殫貨又可知矣不得巳而後戰柰之何無良將也

以此兵訓齊
俗那得不詐

故述良將述戰將述車戰

○武王曰兩軍相遇彼不可來此不可往各設固備不可先發我欲襲之不得其利爲之柰何太公曰外亂而內整示饑而實飽內精而外鈍一合一離一聚一散陰其謀密其機高其壘伏其銳士寂若無聲敵不知我所備欲其西襲其東武王曰敵知我情通我謀爲之柰何太公曰兵勝之術密察敵人之機而速

乘其利復疾擊其不意

司馬法曰古者逐奔不遠縱綏不及不遠則難誘不及則難陷

司馬法曰古者逐奔不過百步縱綏不及三舍是以明其禮也

尉繚子曰將者上不制於天下不制於地中不制於人寬不可激而怒清不可事以財夫心狂目盲耳聾以三悖率人者難矣兵之所

鍾離丹熟鐵石皆金

莊子云羊角而上者九萬里言風也

及羊腸亦勝鋸齒亦勝緣山亦勝入谷亦勝方亦勝圓亦勝重者如山如林如江如河輕者如炮如燔如垣壓之如雲覆之令人聚不得以散散不得以聚左不得以右右不得以左兵如總木弩如羊角人人無不騰陵張膽絕乎疑慮堂堂決而去

人不能禦勢不可遏

尉繚子曰有提十萬之衆而天下莫當者誰曰桓公也有提七萬之衆而天下莫當者誰

禁其邪心舍其小過開其養生之道塞其矯枉之風

曰吳起也有提三萬之衆而天下莫當者誰曰武子也今天下諸國士所率無不及二十萬之衆者然不能濟功名者不明乎禁舍開塞也明其制一人勝之則十人亦以勝之也十人勝之則百千萬人亦以勝之也卒名爲十萬其實不過數萬爾其兵來者無不謂其將曰無爲人下先戰其實不可得而戰也天下諸國助我戰猶良驥騄耳之駃彼駑馬鬐

有制之兵

興角逐何能紹吾氣哉吾用天下之用爲用吾制天下之制爲制修吾號令明吾刑賞使天下非農無所得食非戰無所得爵使民揚臂爭出農戰而天下無敵矣故曰發號出令信行國内民言有可以勝敵者毋許其空言必試其能戰也

右良將

司馬法曰凡戰之道位欲嚴政欲栗力欲窕

氣欲閑心欲一畏則容危則坐遠者（指敵）視之則不畏邇者（指我）勿視則不散若畏太甚則勿戮殺示以顏色告之以所生循省其職凡戰以力久以氣勝以固久以危勝人有勝心惟敵之（視其可畏）視人有畏心惟畏之（視其畏我畏敵）視凡戰以輕行輕則危以重行重則無功以輕行重則敗以重行輕則戰故戰相爲輕重舍謹兵甲行慎行列戰謹進止凡戰敬則慊率則服上煩輕上暇重（上煩則下輕之）

奏疾也鼓疾則人輕戰

奏鼓輕舒鼓重服膚輕服美重凡人死愛死怒死威死義死利凡戰之道教約人輕死道約人死正凡戰三軍之戒無過三日一卒之警無過分日一人之禁無過瞬息凡鼓鼓旌旗鼓車鼓馬鼓徒鼓兵鼓首鼓足七鼓兼齊凡戰非陳之難使人可陳難非使可陳難使人可用難非知之難行之難凡戰擊其微靜避其強靜擊其倦勞避其閑窕擊其大懼避

必散亂

即前茅後勁中堅也此三軍之古制

其小權自古之政也

尉繚子曰所謂踵軍者去大軍百里期於會地爲三日熟食前軍而行爲戰合之表合表乃起踵軍饗士使爲之戰勢是謂趨戰者也興軍者前踵軍而行合表乃起去大軍一倍其道去踵軍百里期於會地爲六日熟食使爲戰備分卒據要害戰利則追北按兵而趨之踵軍遇有還者誅之所謂諸將之兵在四

奇之内者勝也兵有什伍有分有合豫爲之職守要塞關梁而分居之戰合表起即皆會也大軍爲計日之食起戰具無不及也令行而起不如令者有誅凡稱分塞者四境之内當興軍踵軍既行則四境之民無得行者奉王之命授持符節名爲順職之吏非順職之吏而行者誅之戰合表起順職之吏乃行用以相參故欲戰先安内也

周禮曰凡察車之道必自載於地者始也故太公專論地形

右戰將

武王曰戰車奈何太公曰步貴知變動車貴知地形騎貴知別徑奇道三軍同名而異用也凡車之死地有十其勝地有八武王曰十死之地奈何太公曰往而無以還者車之死地也越絕險阻乘敵遠行者車之竭地也前易後險者車之困地也陷之險阻而難出者車之絕地也圮下漸澤黑土黏埴者車之勞

地也左險右易上陵仰阪者車之逆地也殷草橫畝犯歷深澤者車之拂地也車少地易與步不敵者車之敗地也後有溝瀆左有深水右有峻阪者車之壞地也日夜霖雨旬日不止道路潰陷前不能進後不能解者車之陷地也此十者車之死地也故拙將之所以見擒明將之所以能避也武王曰八勝之地柰何太公曰敵之前後行陣未定即陷之旌

按兵法莫妙于車戰自劉秩李揖有陳濤斜之敗遂廢不傳惜哉

旗擾亂人馬數動卽陷之士卒或前或後或左或右卽陷之陳不堅固士卒前後相離卽陷之前往而疑後往而怯卽陷之三軍卒驚皆薄而起卽陷之戰於易地暮不能觧卽陷之遠行而暮舍三軍恐懼卽陷之此八者車之勝地也將明於十害八勝敵雖圍周千乘萬騎前驅旁馳萬戰必勝

武王曰以車與步卒戰一車當幾步卒幾步

車騎之妙用
備于此

卒當一車以騎與步卒戰一騎當幾步卒幾步卒當一騎以車與騎戰一車當幾騎幾騎當一車太公曰車者軍之羽翼也所以陷堅陳要強敵遮走北也騎者軍之伺候也所以踵敗軍絕糧道擊便寇也故車騎不敢戰則一騎不能當步卒一人三軍之衆成陳而相當則易戰之法一車當步卒八十人八十人當一車一騎當步卒八人八人當一騎一車

當十騎十騎當一車險戰之法一車當步卒四十人四十人當一車一騎當步卒四人四人當一騎一車當六騎六騎當一車夫車騎者軍之武兵也十乘敗千人百乘敗萬人十騎走百人百騎走千人此其大數也武王曰車騎之吏數陳法柰何太公曰置車之吏數五車一長十車一吏五十車一率百車一將易戰之法五車爲列相去四十步左右十步

隊間六十步險戰之法車必遁道十車一聚
二十車爲屯前後相去二十步左右六步隊
間五十六步五車一長縱横相去一里各返
故道置騎之吏數五騎一長十騎一吏百騎
一卒二百騎一將易戰之法五騎爲列前後
相去二十步左右四步隊間五十步險戰者
前後相去十步左右二步隊間二十五步三
十騎爲一屯六十騎爲一輩十騎一吏縱横

按周禮車有六畫之數與此不同

靖康中張行中献造車之法更覺精簡

相去百步周還各復故處

太宗曰春秋楚子二廣之法云百官象物而動軍政不戒而備此亦得周制歟靖曰按左氏說楚子乘廣三十乘廣有一卒卒偏之兩軍行右轅以轅爲法故挾轅而戰皆周制也臣謂百人曰卒五十人曰兩此是每車一乘用士百五十人比周制差多爾周一乘步卒七十二人甲士三人以二十五人爲一甲凡

三甲共七十五人楚山澤之國車少而人多
分爲三隊則與周制同矣
太宗曰春秋荀吳伐狄毁車爲行亦正兵歟
奇兵歟靖曰荀吳用車法爾雖舍車而法在
其中焉一爲左角一爲右角一爲前拒分爲
三隊此一乘法也千萬乘皆然臣按曹公新
書云攻車七十五人前拒一隊左右角二隊
守車一隊炊子十人守裝五人廄養五人樵

按兵車一乘甲士三人步卒七十二人又二十五人將重車在後凡百人此周方叔征荊蠻之制也此則用周制而變通之

汲五人共二十五人攻守二乘凡百人典兵十萬用車千乘輕車二千此大率荀吳之舊法也又觀漢魏之間軍制五車爲隊僕射一人十車爲師率長一人凡車千乘將吏二人多多倣此臣以今法參用之則跳盪騎兵也戰鋒隊步騎相半也駐隊兼車乘而出也臣西討突厥越險數千里此制未嘗敢易蓋古法節制信可重也

太宗曰車步騎三者一法也其用在人乎靖曰臣按春秋魚麗陳先偏後伍此則車步無騎謂之左右拒言拒禦而已非取出奇勝也晉荀吳伐狄舍車爲行此則騎多爲便唯務奇勝非拒禦而已臣均其術一馬當三人車步稱之混爲一法用之在人敵安知吾車果何出騎果何來徒果何從哉或潛九地或動九天其知如神

右車戰

袁了凡曰作戰則不欲戰謀攻則不欲攻是此老主意

通篇言百戰百勝不如不戰而屈人之兵所謂謀也

既曰其下攻城又曰爲不得已四項各有用着處

謀攻第三

孫子曰夫用兵之法全國爲上破國次之全軍爲上破軍次之全旅爲上破旅次之全卒爲上破卒次之全伍爲上破伍次之是故百戰百勝非善之善者也不戰而屈人之兵善之善者也

先開閒散起

緊承

故上兵伐謀其次伐交其次伐兵其下攻城攻城之法爲不得已修櫓轒轀具器械三月而後成距堙又三月而後已將不勝其忿而蟻附之

列出四項

意旨豁然

此轉是其下攻城句意

以災利二字作眼

王鳳洲曰孫子言非戰非攻非久善矣至其伐楚鞭平王尸暴師露衆卒不能取太史公曰能言之者未必能行諒哉

殺士卒三分之一而城不拔者此攻之災也故善用兵者屈人之兵而非戰也拔人之城而非攻也毀人之國而非久也必以全爭於天下故兵不頓而利可全此謀攻之法也故用兵之法

此是以全爭於天下

十則圍之五則攻之倍則分之敵則能戰之少則能守之不若則能避之故小敵之堅大敵之

是災

擒也夫將者國之輔也輔周則國必強輔隙則

責重在將

國必弱故君之所以患於軍者三不知軍之不

責重在君

三患皆言人君馭將之失故下文云將能而君不御者勝

可以進而謂之進不知軍之不可以退而謂之退是謂縻軍不知三軍之事而同三軍之政則軍士惑矣不知三軍之權而同三軍之任則軍士疑矣三軍既惑且疑則諸侯之難至矣是謂亂軍引勝故知勝有五知可以與戰不可以與戰者勝識衆寡之用者勝上下同欲者勝以虞待不虞者勝將能而君不御者勝此五者知勝之道也故曰知彼知己百戰不殆不知彼而知

己一勝一負不知彼不知己每戰必敗

全國爲上破國次之

如文王伐崇因壘而降宋曹彬取南唐元伯顔取南宋皆能全人之國劉裕取南燕曹翰取江州誅殺太甚此不能全人之國者又如韓信虜魏王豹擒夏說斬成安君此爲破國及用廣武君計北首燕路遣一介之使奉咫尺之書燕從風而靡則全國也

全軍爲上破軍次之

如光武收銅馬鐵脛尤來大鎗及赤眉之類皆全人之軍白起詐坑趙卒項羽詐坑秦卒則唯事殺戮破人之軍者

上兵伐謀

伐其始謀也後漢寇恂圍高峻峻遣皇甫文謁恂詞禮不屈恂斬之

峻即日開壁而降諸將問曰斬其使而降其城何也恂曰皇甫文峻之心腹其取謀者詔之則文得其計殺之則峻亡其膽所謂伐謀也晉平公欲攻齊使范昭往觀之景公觴之酒酣范昭請君之樽酌晏子徹樽更爲酌范昭佯醉起舞謂太師曰能爲我作成周之樂乎吾爲舞之太師曰瞑臣不習范昭歸報晉公曰齊未可伐臣欲辱其君晏子知之臣欲犯其禮太師識之秦伐晉晉將趙盾禦之深溝固壘以待士會謂秦伯曰將以老我師也趙有側室曰穿晉君之壻也有寵而弱好勇而狂若使輕者肆焉其可秦軍掩晉上軍趙穿獨出趙盾曰秦獲穿也獲一卿矣秦以勝歸我何以報乃皆出戰交綏而退夫晏子之對是敵謀伐我我先伐其謀士會之對是我謀伐敵敵人有謀拒我乃伐其謀使不得與

傳曰一女乘城可敵十夫以此較之更自不啻

我戰故敵欲謀我伐其未形之謀我若伐敵敗其已成之計

其次伐交張儀說秦以地六百里與楚懷王請絶齊交隨何於黥布座上殺楚使者以絶項羽曹公與韓遂交馬語以疑馬超高洋遣蕭淵明請和於梁以疑侯景皆是或曰交將合也兩軍將合則先薄之孫叔敖之敗晉師厨人濮之破華氏是也

將不勝其忿而蟻附之殺士卒三分之一將心忿急使士卒蟻附攻之死者過半城且不下此攻城之災也如魏武帝攻宋臧質於盱眙使士卒分畚相代墜而復升死者屍與城平終不能拔是也

屈人之兵而非戰也言伐交伐謀不戰而屈如田穰苴明法令撫士

卒燕將聞之不戰而退胥將郭淮圍麴城蜀將姜維來救淮趨牛頭山斷維糧道及歸路維不戰而遁麴城遂降

拔人之城而非攻也或攻其必救使棄城而來援則設伏取之若耿弇攻臨淄而克西安脇巨里而斬費邑是也或外絕其強援坐俟其斃慕容恪築室反耕克段龕於廣固是也後漢臧宮圍妖賊於原武東海王謂宮曰擁兵圍必死之虜非計也宜撤圍開其生路彼必逃散一亭長足擒之矣從之而拔武原魏攻壺關唐太宗降薛仁杲皆得此義

毀人之國而非久也久則變生當乘勢如摧枯拉朽若武勝殷沛公

取秦之類

少則能逃之不若則能避之言能者謂能忍忿受恥敵人激挑不出不似曹咎汜水之戰也此就將智勇等兵利鈍均者言之若我治彼亂我奮彼怠則吳起以五百乘破秦五十萬謝玄以八萬破符堅百萬宇文泰以一萬破高歡十萬又非此例論

不知軍之不可以進而謂之進不知軍之不可以退而謂之退是謂縻軍楚將龍且逐韓信而敗是不知進秦將符融揮軍少却而敗是不知退又如趙充國欲為屯田漢宣必令決戰孫皓臨滅

賈充尚請班師哥舒翰守潼關祿山兵強未可與戰玄宗強命之戰遂至於敗此君命內御縻縶其軍使不得自由也漢唐多以中官監軍爲患如此

識衆寡之用者勝 有以少而勝衆有以多而勝寡在乎度其所用而不失其宜如秦伐楚王翦曰非六十萬人不可吳起破秦則以五百乘是也

知彼知巳者百戰不殆 士會察楚師之不可敵陳平料劉項之長短是也

不知彼而知巳一勝一負 王猛臨終謂符堅曰晉雖僻在一隅而正朔相承謝安桓沖皆江表偉人未易圖也符堅不聽舉兵南伐曰吾士馬百萬投鞭

可斷江流遂有淝水之敗是不知彼之實但知己之強也

魏武帝曰謀攻者欲攻敵必先謀也全國爲上典師深入長驅拒其都邑絶其内外敵舉國來服爲上以兵擊破得之爲次也全軍司馬法曰萬二千五百人爲軍五百人爲旅自校以上至百人爲卒百人以下至五人爲伍上兵伐謀敵始有謀伐之易也伐交將合也伐兵形已成也攻城敵國已收外糧城守也

修櫓轒轀修治也櫓大楯也轒轀其下四輪從中推之至城下也器械者機關攻守之總名飛樓雲梯之屬也距堙者踊土稍高而前以附其城也將不勝其忿不待攻器成而使士卒緣城而上如蟻之緣牆必殺傷士卒也毀人之國而非久毀滅人國不久露師也必以全爭於天下不與敵戰而必完全得之立爭於天下則不頓兵挫鋭也十則圍之以十

以自家實事作註解更親切

敵一則圍之是謂將智勇等而兵利鈍均也若主弱客強操所以倍兵圍下邳生擒呂布也五則攻之以五敵一則三術爲正二術爲奇倍則分之以二敵一則一術爲正一術爲奇敵則能戰之已與敵人衆等善者猶當設奇伏以勝之也少則能守之高壁堅壘勿與戰也輔周者將周審謀不泄也輔隙者形見外也縻軍縻繫也不知三軍之事軍容不入

君令臣共禮也將在軍君命有所不受故曰禮不可以治兵

圓捷

此老曰無全牛故迎刃而解

國國容不入軍禮不可以治兵也不知三軍之權者不得其人也。李卓吾曰夫謀欲攻人之國便先謀全人之國以至全軍全旅全卒全伍無一點不要全蓋唯以全人之國爲攻人之謀又以伐人之謀爲謀攻之上策故軍旅卒伍無一而不得全也始謂以全爭於天下矣觀其不以百戰百勝爲善而以不戰屈人兵爲善之善則所謂善戰者服上刑尤孫子之所不赦矣是非效儒生之迂腐也乃所以爲善戰所以爲善謀攻耳後之用兵者其慎毋忽引勝謂吾以亂軍而引敵致勝也或曰識衆寡之用即識上文十圖五攻倍分等之用也

參考

卓吾子曰謀攻者必以全爭於天下故攻城之法爲不得已而况城守乎故進攻城與守

中外不相通則彼有絕粮之危我無夾擊之患

者

武王曰戰勝深入略其地有大城不可下其別軍守險與我相拒我欲攻城圍邑恐其別軍卒至而薄我中外相合擊我表裏三軍大亂上下恐駭爲之柰何太公曰凡攻城圍邑車騎必遠屯衛警戒阻其內外中人絕糧外不得輸城人恐怖其將必降武王曰中人絕糧外不得輸陰爲約誓相與密謀夜出窮寇

走其別軍者何要當有脫筭在

死戰其車騎鋭士或衝我內或擊我外士卒迷惑三軍敗亂爲之柰何太公曰如此者當分軍爲三軍謹視地形而處審知敵人別軍所在及其大城別堡爲之置遺缺之道以利其心謹備勿失敵人恐懼不入山林卽歸大邑走其別軍車騎遠要其前勿令遺脫中人以爲先出者得其徑道其練卒材士必出其老弱獨在車騎深入長驅敵人之軍必莫敢

老其師待其飢疲而降之不加暴焉無數之兵也

數法更妙

至慎勿與戰絕其糧道圍而守之必久其日無燔人積聚無壞人宫室冢樹社叢勿伐降者勿殺得而勿戰

○太公曰凡攻城圍邑城之氣色如死灰城可屠城之氣出而北城可克城之氣出而西城可降城之氣出而南城不可拔城之氣出而東城不可攻城之氣出而復入城主逃北城之氣出而覆我軍之上軍必病城之氣出高

大輔是盛德之臣足以挽回天心者

而無所止用兵長久凡攻城圍邑過旬不雷不雨必亟去之城必有大輔

○尉繚子曰地大而城小者必先收其地城大而地窄者必先攻其城地廣而人寡者則絕其阨地狹而人衆者則築大堙以臨之凡將輕壘卑衆動可攻也將重壘高衆懼可圍也凡圍必開其小利使漸夷弱則節吝有不食者矣衆夜擊者驚也衆避事者離也待人之

此是彼急我奮之勢故以突兵勝

救期戰而蹷皆心失而傷氣也傷氣敗軍曲謀敗國

武王曰敵人深入長驅侵掠我地驅我牛馬敵軍大至薄我城下吾士卒大恐人民繫累爲敵所掠吾欲以守則固以戰則勝爲之柰何太公曰如此者謂之突兵其牛馬必不得食士卒絕糧暴擊而前令我遠邑別軍選其銳士疾擊其後審其期日必會于晦三軍疾

戰敵人雖衆其將可虜武王曰敵人分爲三四或戰而侵掠我地或止而收我牛馬其大軍未盡至而使寇薄我城下致吾三軍恐懼爲之柰何太公曰謹候敵人未盡至則設備而待之去城四里而爲壘金鼓旌旗皆列而張別隊爲伏兵令我壘上多積强弩百步一突門門有行馬車騎居外勇力銳士隱伏而處敵人若至使我輕卒合戰而佯走令我城

此是利而誘之之計

上立旌旗擊鼙鼓完爲守備敵人以我爲守城必薄我城下發吾伏兵以衝其内或擊其外三軍疾戰或擊其前或擊其後勇者不得鬬輕者不及走名曰突戰敵人雖衆其將必走

尉繚子曰凡守者進不郭圉退不亭障以禦戰非善者也豪傑雄俊堅甲利兵勁弩強矢盡在郭中乃收窖廪毁瘠而入保令客氣十

令有專責不分力也

百倍而主之氣不半焉敵攻者傷之甚也然而世將弗能知夫守者不失險者也守法城一丈十人守之工食不與焉出者不守守者不出一而當十十而當百百而當千千而當萬故爲城郭者非特費于民聚土壤也誠爲守也千丈之城則萬人之守池深而廣城堅而厚士民備薪食給弩堅矢強矛戟稱之此守法也

勝原在法不在倫威

〇尉繚子曰兵有勝于朝廷有勝于原野有勝于市井鬬則得服則失幸以不敗此不意彼驚懼而曲勝之也曲勝言非全也非全勝者無權名故明主戰攻日合鼓合角節以兵刄不求勝而勝也兵有去備撤威而勝者以其有法故也有器用之蚤定也其應敵也周其總率也極故五人而伍十人而什百人而卒千人而率萬人而將已周已極

紗人

此句原是收語

孫子參同

太宗曰鐵蒺藜行馬太公所制是乎靖曰有之然拒敵而已兵貴致人非欲拒之也太公六韜言守禦之具爾非攻戰所施也

右攻城守城

卓吾子曰謀攻之法十則圍之五則攻之倍則分之敵則能戰之少則能守之不若則能避之小敵之堅大敵之擒也故曰識衆寡之用者勝

多方誤之之術

武王曰吾欲以少擊衆爲之柰何太公曰以

少擊衆者必以日之暮伏於深草要之隘路

不知我多寡　可與戰

武王曰我無深草又無隘路敵人已至不適

日暮爲之柰何太公曰妄張詐誘以熒惑其

將迂其途令過深草遠其路令會日暮前行

未渡水後行未及舍發我伏兵疾擊其左右

車騎擾亂其前後敵人雖衆其將必走

武侯問曰若敵衆我寡爲之柰何起對曰避

所謂一人守險千夫莫當

之于易邀之于阨故曰以一擊十莫善于阨以十擊百莫善于險以千擊萬莫善于阻今有少卒卒起擊金鳴鼓于阨路雖有大衆莫不驚動故曰用衆者務易用少者務隘

武侯問曰有師甚衆既武且勇背大阻險右山左水深溝高壘守以強弩退如山移進如風雨糧食又多難與長守則如之何起對曰大哉問乎此非車騎之力聖人之謀也能備

惑其心分其勢突攻邀擊應接不暇

千乘萬騎兼之徒步分爲五軍各軍一衢夫五軍五衢敵人必惑莫知所加敵若堅守以固其兵急行間諜以觀其慮彼聽吾說解之而去不聽吾說斬使焚書分爲五戰戰勝勿追不勝疾歸如是佯北安行疾鬬一結其前一絕其後兩軍銜枚或左或右而襲其處五軍交至必有其利

武侯問曰敵近而薄我欲去無路我衆甚懼

爲之柰何起對曰爲此之術若我衆彼寡分而乘之彼衆我寡以方從之從之無息雖衆可服

右鬭寡

卓吾子曰將者國之輔輔周則國必強故不知三軍之事而同三軍之政則軍士惑矣將其可以不周歟然又必曰將能而君不御者乃勝夫惟不御始謂善御御將之君非周武

將將者必須閒此

國容

軍容

齊桓其孰能當之也否則必至於不受君命矣夫君命有所不受則其權在於將孰若嚴不馭之權而使其權一出於君乎

司馬法曰古者國容不入軍軍容不入國軍容入國則民德廢國容入軍則民德弱故在國言文而語溫在朝恭以遜修己以待人不召不至不問不言難進易退在軍抗而立在行遂而果介冑不拜兵車不式城上不趨危

表裏左右原不是截然兩件

易曰長師師弟子輿尸言不專也

事不齒故禮與法表裏也文與武左右也

黃石公曰軍勢曰出軍行師將在自專進退內御則功難成故非計策無以決嫌定疑非譎奇無以破姦息寇非陰計無以成功聖人體天賢人法地智者而能是謂三略爲衰世作

右馭將

卓吾子曰知彼知己百戰不殆將而知彼己

千古未有之論，亦千古不磨之論。

也。謀攻可也。

○太宗曰：司馬法言國雖大，好戰必亡；天下雖平，忘戰必危。此亦守一道乎？靖曰：有國有家者，曷嘗不講乎攻守也。夫攻者，不止攻其城、擊其陳而已，必有攻其心之術焉；守者，不止完其壁、堅其陳而已，必也守吾氣而有待焉。大而言之，爲君之道；小而言之，爲將之法。夫攻其心者，所謂知彼者也；守吾氣者，所謂知巳者也太宗曰誠哉朕嘗臨陳先料敵之心與巳之心孰審然後彼可得而知焉察敵之氣與巳之氣孰治然後我可得而知焉是以知彼知巳兵家大要靖曰孫武所謂先爲不可勝者知巳者也以待敵之可勝者知彼者也又曰不可勝在巳可勝在敵臣斯須不敢失此誡

右知彼巳

表了凡曰兵形象水孫子自註極明此篇一句起一句結中分四段總裝明勝於易勝四字

軍形第四

孫子曰昔之善戰者先爲不可勝以待敵之可勝不可勝在己可勝在敵故善戰者能爲不可勝不能使敵之必可勝故曰勝可知而不可爲不可勝者守也可勝者攻也守則不足攻則有餘善守者藏於九地之下善攻者動於九天之上故能自保而全勝也見勝不過衆人之所知非善之善者也戰勝而天下曰善非善之善者

徑接　彼己之形　一句起一句結是形　徑接　攻守之形　承上四善字起下四善字

九地之陷也王國雖強而攻我之所不救非九天之勢也夫勢非九天攻者受害陷非九地守者不拔國今已陷受害之地而陳倉保不拔之城我可不煩兵而取全勝又何救焉凡圍八十日終不拔而去

見勝不過衆人之所知非善之善者也太公曰智與衆同非國師也如韓信破趙未餐而出井陘約日破趙會食衆皆不信又背水而陳趙望見以爲不知兵竟破趙而食此衆所不知也

戰勝而天下曰善非善之善者也破軍殺將天下稱之不戰而屈善之善也慕容延釗假道征荊南兵不血刃李愬降元濟不戮一人庶幾乎此

無智名無勇功 折衝樽俎制勝無形天下不聞料敵決勝之智不見斬將搴旗之功若漢之子房唐之裴度能之

先勝而後求戰 管子曰攻伐之道計必先定於內然後兵出乎境不明敵人之政不能加也不明敵人之積不能約也不明敵人之將不見先軍不明敵人之士不見先陳故以衆擊寡以理擊亂以富擊貧以能擊不能以教士練卒擊毆衆白徒故能百戰百勝是以薛公知黥布之必敗田豐知魏武之必勝

地生度 因地形以度軍勢

度生量 酌量彼已之強弱

拈出情字便見知軍形者

量生數數機變也先酌量彼我强弱利害然後爲機數

數生稱稱量孰愈如韓信之論楚漢也

稱生勝度以量地數以量兵地與兵相稱則勝五者皆因地形而得如李靖五陳隨地形而變是也兵法曰得地者昌失地者亡秦軍敗趙先據北山者勝宋師伐燕過大峴而勝皆得其地也

魏武帝曰軍之形也我動彼應兩敵相察情也不可勝在己守固備也可勝在敵自修治以待敵之虛懈也勝可知見成形也不可爲

要知彼知己

敵有備故也不可勝者守藏形也可勝者攻敵攻巳乃可勝也九天九地喻其深勝於易勝者原其易勝攻其可勝不攻其不可勝也修道者先修爲不可勝之道也保法者保法度不失敵之敗亂也勝敗之政者用兵之法當以此五事秤量知敵之情也地生度因地形勢而度之也量生數知其遠近廣狹如其人數也數生稱稱量巳與敵孰愈也稱生勝

自有餘力制勝

度量數稱勝

經文明說形勢字未妥

總揭妙

稱量之故知其勝負所在也以銖稱鎰輕不能舉重也千仞八尺曰仞決水千仞其勢疾也 李卓吾曰軍形者兩軍勝敗之形也不可勝在巳我軍之形旣如此可勝在敵彼軍之形又如彼故嘗修爲不可勝之道而保吾必可勝之法能爲勝負之政者以此然所謂勝者又非以其難勝而能勝之也故戰勝而天下曰善便以爲極不善若天下稱善便是

不然便爲善戰者服上刑

有智名勇功非勝於易勝而令人忘其爲勝者矣是非不欲其有名也大凡有其名者必然多費其力多費其力者必然多費其財多費其財者必然多損其兵便非全軍保勝愛國安民以全爭於天下之道矣夫舉兵爭戰本以爲國爲民而後爲之者也而至於費國損財傷民又安忍乎故寧無名無功而令吾軍實受其福也是以其勝也謂之勝易勝又

警醒

經文原説千仞之谿一敗上字便似勢矣

謂之勝已敗已敗者彼其軍形已自敗壞吾特因而敗壞之耳非我能敗壞之也如舉秋毫如見日月如聞雷霆其形如此其易如之何而天下又孰能善之如以鎰稱銖如決積水於千仞之上天下又孰肯以智名之以勇功之乎蓋必如是而後爲眞愛民之主也眞保國之將也始稱善戰於孫武子而不可以稱善戰於天下矣守則不足者不可勝者守

經卓老說來便屬了了

也言我若守則敵必不足以勝我而藏於九地之下矣九地之下何隙可窺何間可入其爲不足不已極乎攻則有餘者可勝者攻也是爲動於九天之上其爲有餘又已極矣非有餘則不攻也是勝於易勝也

參考

卓吾子曰守則不足攻則有餘又曰地生度

唐李衛公之言與予合

發問有想頭

太宗曰攻守二事其實一法歟孫子言善攻者敵不知其所守善守者敵不知其所攻卽不言敵來攻我我亦攻之我若自守敵亦守之攻守兩齊其術柰何靖曰前代似此相攻相守者多矣皆曰守則不足攻則有餘便謂不足爲弱有餘爲強蓋不悟攻守之法也臣按孫子云不可勝者守也可勝者攻也謂敵未可勝則我且自守待敵可勝則攻之爾非

歎不能知全是在我不可測

妙

以強弱爲辭也後人不曉其義則當攻而守當守而攻二役既殊故不能一其法太宗曰信乎有餘不足使後人惑其強弱殊不知守之法要在示敵以不足攻之法要在示敵以有餘也示敵以不足則敵必來攻此是敵不知其所攻者也示敵以有餘則敵必自守此是敵不知其所守者也攻守一法敵與我分爲二事若我事得則敵事敗敵事得則我事

機策二字千斤之力

敗得失成敗彼我之事分焉攻守者一而已矣得一者百戰百勝故曰知彼知己百戰不殆其知一之謂乎靖再拜曰深乎聖人之法也攻是守之機守是攻之策同歸乎勝而已矣若攻不知守守不知攻不唯二其事抑又二其官雖口誦孫吳而心不思妙攻守兩齊之說其孰能知其然哉

妙

太宗曰畫方以見步點圓以見兵步教足法

衛公初學棋因兵而忽悟此則借棋以喻兵大是觧人

兵教手法手足便利思過半乎靖曰吳起云絕而不離却而不散此步法也教士猶布棋於盤若無畫路棋安用之孫武曰地生度度生量量生數數生稱稱生勝勝兵若以鎰稱銖敗兵若以銖稱鎰皆起於度量方圓也太宗曰深乎孫武之言不度地之遠近形之廣狹則何以制其節乎靖曰庸將罕能知其節者也善戰者其勢險其節短勢如彍弩節如

宋太祖破突厥陣法與此同

發機臣修其術凡立隊相去各十步駐隊去師隊二十步每隔一隊立一戰隊前進以五十步爲節角一聲諸隊皆散立不過十步之內至第四角聲籠鎗跪坐於是鼓之三呼三擊三十步至五十步以制敵之變馬軍從背出亦五十步臨時節止前正後奇觀敵如何再鼓之則前奇後正復邀敵來伺隙擣虛此六花大率皆然也

卷之二 終

袁了凡曰虛實篇云兵無常勢因敵變化故此篇前半言出奇後半言動敵先言無常勢後言因敵也

王鳳洲曰奇正並言却重奇字觀後奇正之變可見

孫子參同卷三

兵勢第五

孫子曰凡治衆如治寡分數是也鬭衆如鬭寡形名是也三軍之衆可使必受敵而無敗者奇正是也（前四句起下奇正一句）兵之所加如以碫投卵者虛實是也（先逐論大勢）凡戰者以正合以奇勝故善出奇者無窮如天地不竭如江海終而復始日月是也死而更生四時是也聲不過五五聲之變不可勝聽也色不

此是出奇無窮

過五五色之變不可勝觀也味不過五五味之變不可勝嘗也戰勢不過奇正奇正之變不可勝窮也奇正相生如循環之無端孰能窮之哉激水之疾至於漂石者勢也鷙鳥之疾至於毁折者節也故善戰者其勢險其節短勢如彍弩節如發機紛紛紜紜鬬亂而不可亂渾渾沌沌形圓而不可敗亂生於治怯生於勇弱生於強治亂數也勇怯勢也強弱形也故善動敵者形

中節

奇㨂正合

奇而正

泛論大勢

上言激水此言轉木石水本至柔激之漂石木石無情轉之在我所謂勢也

之敵必從之與之敵必取之以利動之以本待之故善戰者求之於勢不責於人故能擇人而任勢任勢者其戰人也如轉木石木石之性安則靜危則動方則止圓則行故善戰人之勢如轉圓石於千仞之山者勢也

因勢利導使人不可禦

治衆如治寡分數是也分謂偏裨卒伍之分數謂十百千萬之數各有統制而大將總其綱領故治百萬之衆與治寡同此韓信所以多多而益善也

奇正是也兵體萬變無不是正無不是奇我之正使敵視之爲奇我之奇使敵

視之爲正，如韓信出背水陳，以兵循山而扳趙幟，則背水正也，循山奇也。盛兵臨晉，而以木罌從夏陽襲安邑，則臨晉正也，夏陽奇也。

以正合，以奇勝。正兵合戰，奇兵出其不意以取勝。如鄭伯禦燕師，以三軍軍於前，以潛軍襲其後是也。

其勢險，其節短。險，迅也。勢迅則難禦。短，近也。節近則易勝。如麴義破公孫瓚，發伏於數十步之內；周訪敗杜曾，奔赴於三十步之外，得勢險節短之義。

紛紛紜紜，鬬亂而不可亂；渾渾沌沌，形圓而不可敗。此言陳法也。風后握奇曰：四爲正，四爲奇，餘奇爲握奇。奇者，零也。陳數有天中心有零者大將握之不動以制四面八陣而取準則焉其人之列面面相向背背相承也又曰先定將軍定兩端蓋遊軍執本方旗號先定地界然後軍而遊之兵於旗下及出奇正變爲陣也周禮蒐苗獮狩車驟徒趨及表乃止進退疾徐疏密之節一如此法善將兵者進退紛紜似亂然士馬素習旌旗有節非亂也渾沌形勢乍離乍合人以爲敗然號令素明離合有勢非可敗也形圓無行列也若武侯之八陣李靖之六花唐太宗之破陳樂舞皆其遺制也

亂生於治怯生於勇弱生於強恃治則亂生恃勇強則怯弱生如秦皇都關中陳勝吳廣乘弊而起亂生於治也符堅伐晉曰吾士馬百萬投鞭可

斷江水及敗風聲鶴唳皆爲晉兵怯生於勇也吳王夫差破越伐齊陵楚兵無敵於天下還爲越所滅弱生於強也

善動敵者形之

齊將田忌伐魏孫臏曰三晉之兵素悍勇而輕齊齊號爲怯不如因勢而利導之乃減竈而趨大梁龐涓喜曰吾素知齊怯入吾境三日士亡者大半倍日并行逐之遂敗於馬陵此強而形之以弱動其來也隋煬帝爲突厥所圍太宗應募救援謂定興曰始畢可汗敢圍天子必以我倉卒無援宜多齎旗鼓設疑兵以張我軍容令數十里晝則旌旗相續夜則鉦鼓相應虜必以爲救兵雲集覩塵而避不然彼衆我寡不能久矣師次崞縣始畢遁去此弱而形之以強動其去也

詳明

擇人而任勢 先料兵勢後擇人以任之如曹公征張魯於漢中命張遼李典樂進守合肥誡曰孫權至張李將軍出戰樂將軍守諸將皆疑遼曰出征在外比救至彼破我必矣是以教及其未合而擊之折其威勢以安衆心然後可守也權至遼典大破之還修城守衆心乃安

魏武帝曰兵勢者用兵任勢也分數部曲爲分什伍爲數也形名旌旗曰形金鼓曰名也奇正先出合戰爲正後出爲奇也正者當敵奇者從旁擊不備五聲等喻奇正之無窮也

毀形匿情于義則深于文氣則不順

鷙鳥之疾發起擊敵也勢險疾也節短近也節如發機在度不遠發則中也或曰勢險其勢險峻不可阻遏也節短其節短促不可預備也紛紛紜紜亂旌旗以示敵以金鼓齊之也渾渾沌沌車騎轉也形圓者出入有道齊整也亂生於治三句皆毀形匿情也治亂數以部分名數爲之故不可亂也勇怯勢強弱形形勢所宜也形之敵必從見形勢也與之

任勢作任權從因利制權句看出先得我心

是變

敵必取以利誘敵人遠離其壘而以精銳擊其空虛孤特也任勢專任權也。李卓吾曰兵無一定之勢故奇正之兵亦無一定之用勢者因利而制權故奇兵之勢亦因敵而變化也無正不成奇無奇不成正謂奇正之相爲用可也無有奇而不正者亦無有正而不奇者謂奇正之合爲一又可也奇正之變化其勢又烏能定乎故凡可以誘敵者皆奇也

諡透本字勢字蓋明

孫子參同

是權勢也是詭道也凡所以待敵者皆正也皆本也所謂以本待之也是故以利動之以形示之以亂與之使敵人但見吾之爲怯而聞吾之爲弱也此奇也然巳使敵人皆見而聞之矣則雖奇亦正如李牧之居趙代雖自家士卒亦以牧爲怯況東胡諸種乎故善戰者求之於勢不責於人求之於勢故勢常在我不責於人故能擇人而任勢夫亂實生於

是相生如環

此便是既生瑜又生亮不可不筭到此

治也怯實生於勇也弱實生於強也此正也然吾之實治實勇實強夫誰則知之唯其不可知則雖正亦奇奇正之用又曷可窮也故凡敵之人未有誘之以利而不來者未有多方以誤之而不可致者然亦未可以一定執也設使利之而敵不動形之而敵不從與之而敵不取則雖孫武子亦且柰之何哉故敵人如太山吾雖勢如激水之疾可如何敵人

不可動卽不動便是高人一着

如狡兎之深藏於穴吾雖勢如鷙鳥之節可如何敵人能先爲不可勝以藏於九地之下也吾之勢縱如轉圓石於千仞之山也可如何故任勢者可動卽動不可動卽不敢動可動卽如轉圓石如鷙鳥節如漂石激水遲慢一毫不得矣不敢動卽如山之安如木之靜如方之止夫如是故其勢常在我也是故著兵勢

以情字貼形以机字貼勢極妥形勢原不是二項此論極明白

參考

卓吾子曰勢者機也機動而神隨故言軍形便言兵勢夫兩軍勝敗之形雖未戰而其形已見矣然非眞聰明神智之主則不能知故曰見勝不過衆人之所知非善之善也知之則謂知己而知彼雖百戰而不殆矣夫惟其能知彼己勝敗之形於衆人之所不能知也是以因利制勝以應形於無窮雖鬼神亦莫

一者獨任也

得而測之也蓋形雖不可知而猶可見若任勢則無形而不可見況可知耶故曰形兵之極至於無形又曰微乎微乎至於無形神乎神乎至於無聲然則非變易無方之神人又安能運變化無窮之神勢也勢雖神妙總不過奇正奇正雖變總不出虛實

○武王問太公曰兵道何如太公曰凡兵之道莫過乎一一者能獨往獨來黃帝曰一者階

與陰符經同一机局

貼敵決机盡于此數語

於道幾於神用之在於機顯之在於勢成之在於君故聖王號兵爲凶器不得已而用之

○武王曰攻伐之道柰何太公曰資因敵家之動變生於兩陳之閒奇正發於無窮之源故至事不語用兵不言且事之至者其言不足聽也兵之用者其狀不定見也倏而往忽而來能獨專而不制者兵也聞則議見則圖知則困辨則危故善戰者不待張軍善除患者

深秘

理於未生勝敵者勝於無形上戰無與戰故爭勝於白刃之前者非良將也設備於已失之後者非上聖也智與衆同非國師也技與衆同非國工也事莫大於必克用莫大於玄默動莫大於不意謀莫大於不識夫先勝者先見弱於敵而後戰者也故士半而功倍焉聖人徵於天地之動孰知其紀循陰陽之道而從其候當天地盈縮因以爲常物有死生

素問云膽者將軍之官決斷出焉可見不決斷不為將軍矣

因天地之形故曰未見形而戰雖衆必敗善戰者居之不撓見勝則起不勝則止故曰無恐懼無猶豫用兵之害猶豫最大三軍之災莫過孤疑善戰者見利不失遇時不疑失利後時反受其殃故智者從之而不釋巧者一決而不猶豫是以疾雷不及掩耳迅電不及瞑目赴之若驚用之若狂當之者破近之者亡孰能禦之夫將有所不言而守者神也有

此篇由盡任勢之術

所不見而視者明也故知神明之道者野無衡敵對無立國

武王曰凡用兵之法大要何如太公曰古之善戰者非能戰於天上非能戰於地下其成與敗皆由神勢得之者昌失之者亡夫兩陳之間出甲陳兵縱卒亂行者所以為變也深草蓊翳者所以遁逃也溪谷險阻者所以止車禦騎也隘塞山林者所以少擊衆也坳澤

窈冥者所以匿其形也。清明無隱者所以戰勇力也。疾如流矢，擊如發機者，所以破精微也。詭伏設奇，遠張誑誘者，所以破軍擒將也。四分五裂者，所以擊圓破方也。因其驚駭者，所以一擊十也。因其勞倦暮舍者，所以十擊百也。奇技者，所以越深水，渡江河也。強弩長兵者，所以踰水戰也。長關遠候，暴疾繆遁者，所以降城服邑也。鼓行諠囂者，所以行奇謀也大風甚雨者所以摶前擒後也僞稱敵使者所以絕糧道也謬號令與敵同服者所以備走北也戰必以義者所以勵衆勝敵也尊爵重賞者所以勸用命也嚴刑重罰者所以進罷怠也一喜一怒一與一奪一文一武一徐一疾者所以調和三軍制一臣下也處高敞者所以警守也保險阻者所以爲固也山林茂穢者所以默往來也深溝高壘積糧多

孫曰勢吳曰機總是一局

者所以持久也故曰不知戰攻之策不可以語敵不能分移不可以語奇不通治亂不可以語變

吳子曰凡兵有四機一曰氣機二曰地機三曰事機四曰力機三軍之衆百里之師張設輕重在於一人是謂氣機路狹道險名山大塞十夫所守千夫不過是謂地機善行間諜輕兵往來分散其衆使其君臣相怨上下相

咎是謂事機車堅管轄舟利櫓楫士習戰陳馬閑馳逐是謂力機知此四者乃可爲將然其威德仁勇必足以率下安衆怖敵決疑施令而下不犯所在寇不敢敵得之國強去之國亡是謂良將

太宗曰蕃兵唯勁馬奔衝此奇兵歟漢兵唯強弩椅角此正兵歟靖曰按孫子云善用兵者求之於勢不責於人故能擇人而任勢夫

鼂錯言匈奴之長技三馬居其一中國之長技五弩居其一

所謂擇人者各隨蕃漢所長而戰也蕃長於馬馬利乎速鬬漢長於弩弩利乎緩戰此自然各任其勢也然非奇正所分臣前曾述蕃漢必變號易服者奇正相生之法也馬亦有正弩亦有奇何常之有哉太宗曰卿更細言其術靖曰先形之使敵從之是其術也太宗曰朕悟之矣孫子曰形兵之極至於無形又曰因形以措勝於衆衆不能知其此之謂乎

當奇而奇却原是正

是理真奇

靖再拜曰深乎陛下聖慮巳思半過矣

右任勢

太宗曰高麗數侵新羅朕遣使諭不奉詔將討之如何靖曰探知蓋蘇文自恃知兵謂中國無能討故違命臣請師三萬擒之太宗曰兵少地遥以何術臨之靖曰臣以正兵太宗曰平突厥時用奇兵今言正兵何也靖曰諸葛亮七擒孟獲無他道也正兵而巳矣

太宗曰晉馬隆討涼州是亦依八陣圖作偏箱車地廣則用鹿角車營路狹則爲木屋施於車上且戰且前信乎正兵古人所重也靖曰臣討突厥西行數千里若非正兵安能致遠偏箱鹿角兵之大要一則治力二則前拒一則束部伍三者迭相爲用斯馬隆所得古法深矣

太宗曰朕破宋老生初交鋒義師少却朕親

偶然成功便為話靶建成自道如何此還是偶然

孫子參同

以鐵騎自南原馳下橫突之老生兵斷後大潰遂擒之此正兵乎奇兵乎靖曰陛下天縱聖武非學而能臣按兵法自黃帝以來先正而後奇先仁義而後權譎且霍邑之戰師以義舉者正也建成墜馬右軍少却者奇也太宗曰彼時少却幾敗大事曷謂奇耶靖曰凡兵以前向爲正後却爲奇且右軍不却則老生安致之來哉法曰利而誘之亂而取之老

生不知兵恃勇急進不意斷後見擒於陛下此所謂以奇爲正也太宗曰霍去病暗與孫吳合誠有是夫當右軍之却也高祖失色及朕奮擊反爲我利孫吳暗合卿實知言

太宗曰凡兵却皆爲之奇乎靖曰不然夫兵却旗參差而不齊鼓小大而不應令喧囂而不一此眞敗者也非奇也若旗齊鼓應號令如一紛紛紜紜雖退走非敗也必有奇也法

不活看則新書亦甚不通

孫子參同

曰佯北勿追又曰能而示之不能皆奇之謂也

○太宗曰奇正素分之歟臨時制之歟靖曰按曹公新書曰己二而敵一則一術爲正一術爲奇己五而敵一則三術爲正二術爲奇此言大略爾唯孫武云戰勢不過奇正奇正之變不可勝窮奇正相生如循環之無端孰能窮之斯得之矣安有素分之耶若士卒未習

知人知書

吾法偏裨未熟吾令則必爲之二術教戰時各認旗鼓迭相分合故曰分合爲變此教戰之術爾教閲既成衆知吾法然後如驅羣羊由將所措孰分奇正之别哉孫武所謂形人而我無形此乃奇正之極致是以素分者教閲也臨時制變者不可勝窮也太宗曰深乎深乎曹公必知之矣但新書所以授諸將而已非奇正本法

談入妙來衛公不能贊一辭

獨解

○太宗曰曹公云奇兵旁擊卿謂若何靖曰臣按曹公註孫子曰先出合戰爲正後出爲奇此與旁擊之說異焉臣愚謂大衆所合爲正將所自出爲奇烏有先後旁擊之拘哉

太宗曰吾之正使敵視以爲奇吾之奇使敵視以爲正斯所謂形人者歟以奇爲正以正爲奇變化莫測斯所謂無形者歟靖再拜曰陛下神聖迥出古人非臣所及

千古定論

○太宗曰卿舅韓擒武嘗言卿可與論孫吳亦奇正之謂乎靖曰擒武安知奇正之極但以奇爲奇以正爲正耳曾未知奇正相變循環無窮者也

○太宗曰古人臨陳出奇攻人不意斯亦相變之法乎靖曰前代戰鬭多是以小術而勝無術以片善而勝無善斯安足以論兵法也若謝玄之破符堅非謝玄之善也蓋符堅之不

千古隻眼

善也太宗顧侍臣檢謝玄傳閱之曰符堅甚處是不善靖曰臣觀符堅載記曰秦諸軍皆潰敗唯慕容垂一軍獨全堅以千餘騎赴之垂子寶勸垂殺堅不果此有以見秦軍之亂慕容垂獨全蓋堅爲垂所陷明矣夫爲人所陷而欲勝敵不亦難乎

太宗曰黄帝兵法世傳握奇文或謂爲握機文何謂也靖曰奇音機故或傳爲機其義則

妙解入微

妙

一考其辭云四爲正四爲奇餘奇爲握機奇餘零也因此音機臣愚謂兵無不是機安在乎握而言也當爲餘奇則是夫正兵受之於君奇兵將所自出法曰令素行以教其民者則民服此受之於君者也又曰兵不豫言君命有所不受此將所自出者也凡將正而無奇則守將也奇而無正則鬬將也奇正皆得國之輔也是故握機握奇本無二法在學者

溥使離使指之意

兼通而已

太宗幸靈州回召靖賜坐曰朕命道宗及阿史那社爾等討薛延陀而鐵勒諸部乞置漢官朕皆從其請延陀西走恐爲後患故遣李勣討之今北荒悉平然諸部蕃漢雜處以何道經久使得兩全安之靖曰陛下勅自突厥至回紇部落凡置驛六十六處以通斥候斯巳得策矣然臣愚以謂漢戍宜自爲一法蕃

劉寅
到此堪爲前席

好計

落宜自爲一法教習各異勿使混同或遇寇
至則密勅主將臨時變號易服出奇擊之太
宗曰何道也靖曰此所謂多方以誤之之術
也蕃而示之漢漢而示之蕃彼不知蕃漢之
別則莫能測我攻守之計矣善用兵者先爲
不可測則敵乖其所之也
太宗曰李勣言牝牡方圓伏兵法古有是否
靖曰牝牡之法出於俗傳其實陰陽二義而

已臣按范蠡云後則用陰先則用陽盡敵陽節盈吾陰節而奪之此兵家陰陽之妙也范蠡又云設右爲牝益左爲牡早晏以順天道此則左右早晏臨時不同在乎奇正之變者也左右者人之陰陽早晏者天之陰陽奇正者天人相變之陰陽若執而不變則陰陽俱廢如何守牝牡之形而已故形之者以奇示敵非吾正也勝之者以正擊敵非吾奇也此

此等想頭從卧薪嘗膽中來

存之所以廢之此吾百思所不及

謂奇正相變兵伏者不止山谷草木伏藏所以爲伏也其正如山其奇如雷敵雖對面莫測吾奇正所在至此夫何形之有焉

○太宗曰四獸之陳又以商羽徵角象之何道也靖曰詭道也太宗曰可廢乎靖曰存之所以能廢之也若廢而不用詭愈甚焉太宗曰何謂也靖曰假之以四獸之陳及天地風雲之號又加商金羽水徵火角木之配此皆兵

正是詭道

英雄欺人只是一誤字

家自古詭道存之則餘詭不復增矣廢之則使貪使愚之術從何而施哉太宗良久曰卿宜秘之無泄於外

太宗曰朕觀千章萬句不出乎多方以誤之一句而已靖良久曰誠如聖語大凡用兵若敵人不誤則我師安能克哉譬如奕棋兩敵均焉一着或失竟莫能救是古今勝敗率由一誤而已況多失者乎

右奇正

武王曰何以知敵壘之虛實自來自去太公曰將必上知天道下知地理中知人事登高下望以觀敵之變動望其壘即知其虛實望其士卒即知其去來武王曰何以知之太公曰聽其鼓無音鐸無聲望其壘上多飛鳥而不驚上無氛氣必知敵詐而爲偶人也敵人卒去不遠未定而復反者彼用其士卒太疾

察變亦是任勢處

也太疾則前後不相次不相次則行陳必亂如此者急出兵擊之以少擊衆則必敗矣武王曰凡用兵之要必有武車驍騎馳陳選鋒見則可擊之如何而可擊太公曰夫欲擊者當審察敵人十四變變見則擊之敵人新集可擊人馬未食可擊天時不順可擊地形未得可擊奔走可擊不戒可擊疲勞可擊將離士卒可擊涉長路可擊濟水可擊不暇可

此是見利勿失遇時不疑

擊阻難狹路可擊亂行可擊心怖可擊

武侯問敵必可擊之道起對曰用兵必須審

敵虛實而趨其危敵人遠來新至行列未定

可擊既食未設備可擊奔走可擊勤勞可擊

未得地利可擊失時不從可擊涉長道後行

未息可擊涉水半渡可擊險道狹路可擊旌

旗亂動可擊陳數移動可擊將離士卒可擊

心怖可擊凡若此者選銳衝之分兵繼之急

擊勿疑

尉繚子曰矢射未交長刃未接前譟者謂之虛後譟者謂之實不譟者謂之秘虛實者兵之體也

太宗曰朕觀諸兵書無出孫武孫武十三篇無出虛實夫用兵識虛實之勢則無不勝焉今諸將中但能言背實擊虛及其臨敵則鮮識虛實者蓋不能致人而反爲敵所致故也

奇正是我勢虚實是敵情必我先任勢而後敵情可察

醒

如何卿悉爲諸將言其要靖曰先教之以奇正相變之術然後語之以虚實之形可也諸將多不知以奇爲正以正爲奇且安識虚是實實是虚哉

右虚實

卓吾子曰夫虚實之端奇正之術此兵家之勢不可先傳者也且非但不可先傳即雖欲傳之而不可得矣故善用兵者教正不教奇

徹骨

正者節制之兵也然既謂之節謂之制矣則雖正而奇自在唯知兵者自悟之耳故談兵與談禪一也不悟則終不可得而用也故述節制有制必先選士故述選士士選而後練故述練士士練則教法粗備故述教法而陣法而伍法而騎法而步法而司馬法皆備矣況將令也軍器也有不備乎然則將之可以先傳者只此矣

有制之師

武侯問曰兵以何爲勝起對曰以治爲勝又問曰不在衆乎對曰若法令不明賞罰不信金之不止鼓之不進雖有百萬何益於用夫所謂治者居則有禮動則有威進不可當退不可追前却有節左右應麾雖絶成陳雖散成行與之安與之危其衆可合而不可離可用而不可疲投之所往天下莫當名曰父子之兵

世有將無能而兵有制者乎兵無制而將為有能乎二語亦不必疑

吳子曰凡行軍之道無犯進止之節無失飲食之適無絕人馬之力此三者所以任其上令任其上令則治之所由生也若進止不度飲食不適馬疲人倦而不解舍所以不任其上令上令既廢以居則亂以戰則敗

○太宗曰諸葛亮言有制之兵無能之將不可敗也無制之兵有能之將不可勝也朕疑此談非極致之論靖曰武侯有所激云爾臣按

確論

孫子曰教道不明吏卒無常陳兵縱横曰亂

自古亂軍引勝不可勝紀夫教道不明者言教閲無古法也吏卒無常者言將臣權任無久職也亂軍引勝者言已自潰敗非敵勝之也是以武侯言兵卒有制雖庸將未敗若兵卒自亂雖賢將危之又何疑焉

○太宗曰曹公新書云作陳對敵必先立表引兵就表而陳一部受敵餘部不進救者斬此

教正不教奇即與人規矩不能使人巧之意

何術乎靖曰臨敵立表非也此但教戰時法爾古人善用兵者教正不教奇驅衆若驅羣羊與之進與之退不知所之也曹公驕而好勝當時諸將奉新書者莫敢攻其短且臨敵立表無乃晚乎臣竊觀陛下所制破陳樂舞前出四表後綴八旙左右折旋趨步金鼓各有其節此即八陳圖四頭八尾之制也人間但見樂舞之盛豈有知軍容如斯焉太宗曰

演習分合此法亦佳

昔漢高帝定天下歌云安得猛士兮守四方蓋兵法可以意授不可以語傳朕爲破陳樂舞唯卿已曉其表矣後世其知我不苟作也

太宗曰方色五旗爲正乎旛麾折衝爲奇乎分合爲變其隊數曷爲得宜靖曰臣參用古法凡三隊合則旗相倚而不交五隊合則兩旗交十隊合則五旗交吹角開五交之旗則一復散而爲十開二交之旗則一復散而爲

僥倖一勝則敗是其常矣

五開相倚不交之旗則一復散而爲三兵散則以合爲奇合則以散爲奇三令五申三散三合復歸於正四頭八尾乃可教焉此隊法所宜也

太宗曰當今將帥唯李勣道宗薛萬徹除道宗以親屬外孰堪大用靖曰陛下嘗言勣道宗用兵不大勝亦不大敗萬徹若不大勝即須大敗臣愚思聖言不求大勝亦不大敗者

譬如棋逢敵手

節制之兵也或大勝或大敗者幸而成功者也故孫武云善戰者立於不敗之地而不失敵之敗也節制在我云爾

太宗曰兩陳相臨欲言不戰安可得乎靖曰昔晉師伐秦交綏而退司馬法曰逐奔不遠縱綏不及臣謂綏者御轡之索也我兵既有節制彼敵亦正行伍豈敢輕哉故有出而交綏退而不逐各防其失敗者也孫武云勿擊

輕肆只是見淺

高着

堂堂之陳無邀正正之旗若兩陳體均勢等苟一輕肆爲其所乘則或大敗理使然也是故兵有不戰有必戰夫不戰者在我必戰者在敵太宗曰不戰在我何謂也靖曰孫武云我不欲戰者畫地而守之敵不得與我而戰者乖其所之也敵有人焉則交綏之間未可圖也故曰不戰在我夫必戰在敵者孫武云善動敵者形之敵必從之予之敵必取之以

本待之敵無人焉則必來戰吾得以乘而破之故曰必戰者在敵

太宗曰深乎節制之兵得其法則昌失其法則亡卿爲纂述歷代善於節制者具圖來上

靖曰臣前進黃帝太公二陳圖并司馬法諸葛亮奇正之法此已精悉歷代名將用其一二成功者亦衆矣但史官鮮有知兵不能紀其實迹焉

取長授職正
是通達處

右節制

武王曰王者帥師必有股肱羽翼以成威神爲之柰何太公曰凡舉兵師以將爲命命在通達不守一術因能授職各取所長隨時變化以爲綱紀故將有股肱羽翼七十二人以應天道腹心一人主贊謀應卒揆天消變總覽羣謀保全民命謀士五人主圖安危慮未萌論行能明賞罰受官位决嫌疑定可否天

所謂因能授職也

文三人主司星曆候風氣推時日考符驗校災異知天心去就之機地理三人主三軍行止形勢利害消息遠近險易水涸山阻不失地利兵法九人主講論異同行事成敗簡練兵器刺舉非法通糧四人主度飲食蓄積通糧道致五穀令三軍不困乏奮威四人主擇才力論兵革風馳電掣不知所由伏鼓旗三人主伏鼓旗明耳目詭符印謬號令闇忽往

來出入若神股肱四人主任重持難修溝塹
治壁壘以備守禦通才三人主拾遺補過應
對賓客論議談語消患解結權士三人主行
奇譎設殊異非人所識行無窮之變耳目七
人主往來聽言視變覽四方之事軍中之情
爪牙五人主揚威武激厲三軍使冐難攻鋭
無所疑慮羽翼四人主揚名譽震遠方動四
境以弱敵心遊士八人主伺姦候變開闔人

除腹心一人
共七十二人

選鋒

情觀敵之意以爲間諜術士二人主爲譎詐依托鬼神以惑衆心方士三人主百藥以治金瘡以痊萬病法算二人主計會三軍營壘糧食財用出入

武王曰選車士柰何太公曰選車士之法取年四十巳下長七尺五寸以上走能逐奔馬及馳而乘之前後左右上下周旋能縛束旌旗力能彀八石弩射前後左右皆便習者名

選鋒

孫子參同

曰武車之士不可不厚也

武王曰選騎士柰何太公曰選騎士之法取

年四十巳下長七尺五寸巳上壯健捷疾超

絶倫等能馳騎彀射前後左右周旋進退越

溝塹登丘陵冐險阻絶大澤馳強敵亂大衆

者名曰武騎之士不可不厚也

武王曰練士之道柰何太公曰軍中有大勇

力敢死樂傷者聚爲一卒名曰冐刃之士有

使功使過使貪使詐使愚先須詳審熟收

銳力壯勇强暴者聚爲一卒名曰陷陣之士有奇表長劒接武齊列者聚爲一卒名曰勇銳之士有披距伸鉤强梁多力潰破金鼓絕滅旌旗者聚爲一卒名曰勇力之士有踰高絕遠輕足善走者聚爲一卒名曰寇兵之士有王臣失勢欲復見功者聚爲一卒名曰死鬬之士有死將之人子弟欲爲其將報讐者聚爲一卒名曰死憤之士有貧窮忿怒欲快

其志者聚爲一卒名曰必死之士有贅壻人虜欲掩迹揚名者聚爲一卒名曰勵鈍之士有胥靡免罪之人欲逃其耻者聚爲一卒名曰幸用之士有材技兼人能負重致遠者聚爲一卒名曰待命之士此軍之練士不可不察也

吳子曰昔齊桓募士五萬以霸諸侯晉文召爲前行四萬以獲其志秦繆置陷陳三萬以

比太公較簡而精

服鄰敵故強國之君必料其民民有膽勇氣力者聚爲一卒樂以進戰効力以顯其忠勇者聚爲一卒能踰高超遠輕足善走者聚爲一卒王臣失位而欲見功於上者聚爲一卒弃城去守欲除其醜者聚爲一卒此五者軍之練鋭也有此三千人内出可以決圍外入可以屠城矣

右選練

妙

臂指之勢

吳子曰夫人常死其所不能敗其所不便故用兵之法教戒爲先一人學戰教成十人十人學戰教成百人百人學戰教成千人千人學戰教成萬人萬人學戰教成三軍以近待遠以佚待勞以飽待饑圓而方之坐而起之行而止之左而右之前而後之分而合之結而解之毎變皆習乃授其兵是謂將事

武侯問曰用兵之道何先起對曰先明四輕

語簡而明切妙々

周禮趣馬掌馬政齊其飲食簡其六節

二重一信曰何謂也對曰使地輕馬馬輕車車輕人人輕戰明知險易則地輕馬芻秣以時則馬輕車膏鐧有餘則車輕人鋒鋭甲堅則人輕戰進有重賞退有重刑行之以信審能達此勝之主也

武侯問曰凡畜車騎豈有方乎起對曰夫馬必安其處所適其水草節其饑飽冬則溫廐夏則涼廡刻剔毛鬣謹落四下戢其耳目無

即範經所謂車攻馬同

令驚駭習其馳逐聞其進止人馬相親然後可使車騎之具鞍勒銜轡必令完堅凡馬不傷於末必傷於始不傷於饑必傷於飽日暮道遠必數上下寧勞於人慎無勞馬常令有餘備敵覆我能明此者橫行天下

太宗曰舊將老卒凋零始盡諸軍新置不經陳敵今教以何道爲要靖曰臣常教士分爲三等必先結伍法伍法既成授之軍校此一

以前是教法

等也軍校之法以一爲十以十爲百此一等也授之裨將裨將乃總諸校之隊聚爲陳圖此一等也大將軍察此三等之教於是大閱稽考制度分別奇正誓衆行罰陛下臨高觀之無施不可

武王曰凡用兵爲天陳地陳人陳柰何太公曰日月星辰斗柄一左一右一向一背此謂天陳丘陵水泉亦有前後左右之利此謂地

陳用車用馬用文用武此謂人陳

尉繚子曰陳以密則固鋒以疏則達卒畏將甚於敵者勝卒畏敵甚於將者敗敵與將猶權衡焉

尉繚子曰常陳皆向敵有内向有外向有立陳有坐陳夫内向所以顧中也外向所以備外也立陳所以行也坐陳所以止也立坐之陳相參進止將在其中坐之兵劍斧立之兵

與風后握奇之大畧相同

戟弩將亦居中善御敵者正兵先合而後扼之此必勝之術也

太宗曰陳數有九中心零者大將握之四面八向皆取準焉陳間容陳隊間容隊以前爲後以後爲前進無速奔退無遽走四頭八尾觸處爲首敵衝其中兩頭皆救數起於五而終於八此何謂也靖曰諸葛亮以石縱橫布爲八行方陳之法即此圖也臣嘗教閱必先

此陳世所傳握機文蓋得其粗也

太宗曰天地風雲龍虎鳥蛇斯八陳何義也靖曰傳之者誤也古人秘藏此法故詭設八名爾八陳本一也分爲八焉若天地者本乎旗號風雲者本乎旛名龍虎鳥蛇者本乎隊伍之别後世誤傳詭設物象何止八而已乎

太宗曰數起於五而終於八則非設象實古制也卿試陳之靖曰臣按黄帝始立丘井之

便遠玄机

措畫如盈

妙

法因以制兵故井分四道八家處之其形井字開方九焉五爲陳法四爲閒地此所謂數起於五也虛其中大將居之環其四面諸部連繞此所謂終於八也及乎變化制敵則紛紛紜紜鬬亂而法不亂渾渾沌沌形圓而勢不散此所謂散而成八復而爲一者也

太宗曰深乎黃帝之制兵也後世雖有天智神略莫能出其閫閾降此孰有繼之者乎靖

牧誓曰不愆于六步七步乃止齊焉戒輕進也不愆于四伐五伐六伐七伐乃止齊焉戒貪殺也

曰周之始典則太公實繕其法始於岐都以建井畝戎車三百兩虎賁三千人以立軍制六步七步六伐七伐以教戰法陳師牧野太公以百夫致師以成武功以四萬五千人勝紂七十萬衆周司馬法本太公者也太公既没齊人得其遺法至桓公霸天下任管仲復修太公法謂之節制之師諸侯畢服太宗曰儒者多言管仲霸臣而已殊不知兵法乃本

千載之下相知

此内政寄軍令全見齊語

按司馬法百人爲卒五卒

於王制也諸葛亮王佐之才自比管樂以此知管仲亦王佐也但周衰時王不能用故假齊興師爾靖再拜曰陛下神聖知人如此老臣雖死無媿昔賢也臣請言管仲制齊之法三分齊國以爲三軍五家爲軌故五人爲伍十軌爲里故五十人爲小戎四里爲連故二百人爲卒十連爲鄉故二千人爲旅五鄉一師故萬人爲軍亦由司馬法一師五旅一旅

為旅五旅為師

五卒之義焉其實皆得太公之遺法

太宗曰朕與李勣論兵多同卿說但勣不究出處耳卿所製六花陳法出何術乎靖曰臣所本諸葛亮八陳法也大陳包小陳大營包小營隅落鉤連曲折相對古制如此臣爲圖因之故外畫之方內環之圓是成六花俗所號爾太宗曰內圓外方何謂也靖曰方生於步圓生於奇方所以矩其步圓所以綴其旋

是以步數定於地行綴應乎天步定綴齊則
變化不亂八陳爲六武侯之舊法焉
太宗曰太公書云地方六百步或六十步表
十二辰其術如何靖曰畫地方一千二百步
開方之形也每部占地二十步之方橫以五
步立一人縱以四步立一人凡二千五百人
分五方空地四處所謂陳間容陳者也武王
伐紂虎賁各掌三千人每陳六千人共三萬

東西兩廂即左右翼也

之衆此太公畫地之法也

太宗曰卿六花陳畫地幾何靖曰大閲地方千二百步者其義六陳各占地四百步分爲東西兩廂空地一千二百步爲教戰之所臣常教士三萬每陳五千人以其一爲營法五爲方圓曲直鋭之形每陳五變凡二十五變而止

○太宗曰五行陳如何靖曰本因五方色立此

以丁是陳法

名方圓曲直銳實因地形使然凡軍不素習此五者安可以臨敵乎兵詭道也故强名五行焉文之以術數相生相克之義其實兵形象水因地制流此其旨也

太宗曰伍法有數家孰伍爲要靖曰臣按春秋左氏傳云先偏後伍又司馬法曰五人爲伍尉繚子有束伍令漢制有尺籍伍符後世符籍以紙爲之於是失其制矣臣酌其法自

五人而變爲二十五人自二十五人而變爲七十五人此則步卒七十二人甲士三人之制也舍車用騎則二十五人當八馬此則五兵五當之制也是則諸家兵法唯伍法爲要小列之五人大列之二十五人參列之七十五人又五五參其數得三百七十五人三百人爲正六十人爲奇此則百五十人分爲二正而三十人分爲二奇蓋左右等也穰苴所謂

星伍法

此段論騎兵

五人爲伍十伍爲隊至今因之此其要也

武王曰戰騎奈何太公曰騎有十勝九敗武王曰十勝奈何太公曰敵人初至行陳未定前後不屬陷其前騎擊其左右敵人必走敵人行陳整齊堅固士卒欲鬬吾騎翼而勿去或馳而往或馳而來其疾如風其暴如雷白晝如昏數更旌旗變易衣服其軍可克敵人行陳不固士卒不鬬薄其前後獵其左右翼

而擊之敵人必懼敵人暮欲歸舍三軍恐駭翼其兩旁疾擊其後薄其壘口無使得入敵人必敗敵人無險阻保固深入長驅絕其糧路敵人必饑地平而易四面見敵車騎陷之敵人必亂敵人奔走士卒散亂或翼其兩旁或掩其前後其將可擒敵人暮返其兵甚衆其行陣必亂令我騎十十而爲隊百而爲屯車五而爲聚十而爲羣多設旌旗雜以强弩

或擊其兩旁或絕其前後敵將可虜此騎之十勝也武王曰九敗柰何太公曰凡以騎陷敵而不能破陣敵人佯走以車騎返擊我後此騎之敗地也追北踰險長驅不止敵人伏我兩旁又絕我後此騎之圍地也往而無以返入而無以出是謂陷於天井頓於地穴此騎之死地也所從入者隘所從出者遠彼弱可以擊我強彼寡可以擊我衆此騎之没地

也大澗深谷翳茂林木此騎之竭地也左右有水前有大阜後有高山三軍戰於兩水間敵居表裏此騎之艱地也敵人絕我糧道往而無以還此騎之困地也汙下沮澤進退漸洳此騎之患地也左有深溝右有坑阜高下如平地進退誘敵此騎之陷地也此九者騎之死地也明將之所以遠避闇將之所以陷敗也

三覆三處伏
兩廂左右翼

○太宗曰曹公有戰騎陷騎遊騎今馬軍何等比乎靖曰臣按新書云戰騎居前陷騎居中遊騎居後如此則是各立名號分爲三類爾大抵騎隊八馬當車徒二十四人二十四騎當車徒七十二人此古制也車徒常教以正騎隊常教以奇據曹公前後及中分爲三覆不言兩廂舉一端言也後人不曉三覆之義則戰騎必前於陷騎遊騎如何使用臣熟用

此段論步兵

此法回軍轉陳則遊騎當前戰騎當後陷騎臨變而分皆曹公之術太宗笑曰多少人爲曹公所惑

○武王曰步兵車騎戰柰何太公曰步兵與車騎戰者必依丘陵險阻長兵強弩居前短兵弱弩居後更發更止敵之車騎雖衆而至堅陣疾戰材士強弩以備我後武王曰吾無丘陵又無險阻敵人之至既衆且武車騎翼我

以制勝

兩旁獵吾前後吾三軍恐怖亂敗而走爲之柰何太公曰令我士卒爲行馬木蒺藜置牛馬隊伍爲四武衝陳望敵車騎將來均置蒺藜掘地匝後廣深五尺名曰命籠人操行馬進退闌車以爲壘推而前後立而爲屯材士強弩備我左右然後令我三軍皆疾戰而必解

太宗曰漢張良韓信序次兵法凡百八十二

家删取要用定著三十五家今失其傳何也靖曰張良所學太公六韜三略是也韓信所學穰苴孫武是也然大體不出三門四種而已太宗曰何謂三門靖曰臣按太公謀八十一篇所謂陰謀不可以言窮太公言七十一篇不可以兵窮太公兵八十五篇不可以財窮此三門也太宗曰何謂四種靖曰漢任宏所論是也凡兵家流權謀爲一種形勢爲一

詳見禮記

種及陰陽技巧爲二種此四種也

○太宗曰司馬法首序蒐狩何也靖曰順其時而要之以神重其事也周禮最爲大政成有岐陽之蒐康有酆宫之朝穆有塗山之會此天子之事也及周衰齊桓有召陵之師晉文有踐土之盟此諸侯奉行天子之事也其實用九伐之法以威不恪假之以朝會因之以遊狩訓之以甲兵言無事兵不妄舉必於農

司馬法

淂什伍而相收司連坐法之意

隙不忘武備也故首序蒐狩不其深乎

尉繚子伍制令曰軍中之制五人爲伍伍相保也十人爲什什相保也伍有干令犯禁者揭之免於罪知而弗揭全伍有誅什有干令犯禁者揭之免於罪知而弗揭全什有誅屬有干令犯禁者揭之免於罪知而弗揭全屬有誅閭有干令犯禁者揭之免於罪知而弗揭全閭有誅吏自什長巳上至左右將上下

皆相保也有干令犯禁者揭之免於罪知而弗揭者皆與同罪夫什伍相結上下相聯無有不得之姦無有不揭之罪父不得以私其子兄不得以私其弟而况國人聚舍同食烏能以干令相私者哉

尉繚子分塞令曰中軍左右前後軍皆有地分方之以行垣而無通其交往將有分地帥有分地伯有分地皆營其溝洫而明其塞令

如此畫一便是以治為勝處

使非百人無得通非其百人而入者伯誅之伯不誅與之同罪軍中縱橫之道百有二十步而立一府柱量人與地柱道相望禁行清道非將吏之符節不得通行采薪芻牧者皆成行伍不成行伍者不得通行吏屬無節士無伍者橫門誅之踰分于地者誅之故內無干令犯禁則外無不獲之姦

○尉繚子束伍令曰五人爲伍共一符收於將

吏之所亡伍而得伍當之得伍而不亡有賞
亡伍不得伍身戮家殘亡長得長當之得長
不亡有賞亡長不得長身戮家殘復戰得首
長除之亡將得將當之得將不亡有賞亡將
不得將坐離地遁逃之法戰誅之法曰什長
得誅十人伯長得誅什長千人之將得誅百
人之長萬人之將得誅千人之將左右將軍
得誅萬人之將大將軍無不得誅

尉繚子經卒令曰經卒者以經令分之爲三分焉左軍蒼旗卒戴蒼羽右軍白旗卒戴白羽中軍黄旗卒戴黄羽卒有五章前一行蒼章次二行赤章次三行黄章次四行白章次五行黑章次以經卒亡章者有誅前一伍行置章於首次二伍行置章於項次三伍行置章於胸次四伍行置章於腹次五伍行置章於腰如此卒無非其吏吏無非其卒見非而

不詰見亂而不禁其罪如之

尉繚子勒卒令曰金鼓鈴旗四者各有法鼓之則進重鼓則擊金之則止重金則退鈴傳令也旗麾之左則左麾之右則右奇兵則反是一鼓一擊而左一鼓一擊而右一步一鼓步鼓也十步一鼓趨鼓也音不絕鶩鼓也商將鼓也角帥鼓也小鼓伯鼓也三鼓同則將帥伯其心一也奇兵則反是鼓失次者有誅

五段是將令

諠譁者有誅不聽金鼓鈴旗而動者有誅百人而教戰教成合之千人千人教成合之萬人萬人教成會之於三軍三軍之衆有分有合有大戰之法教成試之以閱方亦勝圓亦勝錯邪亦勝臨險亦勝敵在山緣而從之敵在淵沒而從之求敵若求亡子從之無疑故能敗敵而制其命

○○武王曰天下安定國家無爭戰攻之具可無

斬木為兵揭竿為旗兵器原在钁鋤間

修乎守禦之備可無設乎太公曰戰攻守禦之具盡在於人事耒耜者其行馬蒺藜也馬牛車輿者其營壘蔽櫓也鋤钁之具其矛戟也蓑薛簦笠者其甲冑干櫓也钁鍤斧鋸杵臼其攻城器也牛馬所以轉輸糧也雞犬其伺候也婦人織紝其旌旗也丈夫平壤其攻城也春鏺草棘其戰車騎也夏耨田疇其戰步兵也秋刈禾薪其糧食儲備也冬實倉廩

以農喻兵最詳切

其堅守也田里相伍其約束符信也里有吏官有長其將帥也里有周垣不得相過其隊分也輸粟取芻其廩庫也春秋治城郭修溝渠其塹壘也故用兵之具盡於人事也善爲國者取於人事故必使遂其六畜闢其田野究其處所丈夫治田有畝數婦人織紝有尺度是富國強兵之道也

武王曰王者舉兵三軍器用攻守之具科品

此篇制曲之詳易軒轅所未備

大車

按戰陣高巢車曰櫓比大扶胥差小

衆寡豈有法乎太公曰大哉王之問也夫攻守之具各有科品此兵之大威也武王曰願聞之太公曰凡用兵之大數將甲士萬人法用武衛大扶胥三十六乘材士強弩矛戟爲翼一車二十四人推之以八尺車輪車上立旗鼓兵法謂之震駭陷堅陣敗強敵武翼大櫓矛戟扶胥七十二具材士強弩矛戟爲翼以五尺車輪絞車連弩自副陷堅陣敗強敵

大黃弩名一發三矢

螳蜋虫之善擊者故以取義

提翼小櫓扶胥一百四十具絞車連弩自副以鹿車輪陷堅陣敗強敵大黃參連弩大扶胥三十六乘材士強弩矛戟爲翼飛鳧電影自副飛鳧赤莖白羽以銅爲首電影青莖赤羽以鐵爲首晝則以絳縞長六尺廣六寸爲光耀夜則以白縞長六尺廣六寸爲流星陷堅陣敗步騎大扶胥衝車三十六乘螳螂武士共載可以擊縱橫可以敗強敵輜車騎寇

矢名

輣車

勝大首也

上三器皆用之以敗寇

一名電車兵法謂之電擊陷堅陣敗步騎寇
夜來前矛戟扶胥輕車一百六十乘螳螂武
士三人共載兵法謂之霆擊陷堅陣敗步騎
方首鐵棓維肦重十二斤柄長五尺以上千
二百枚一名天棓大柯斧刃長八寸重八斤
柄長五尺以上千二百枚一名天鉞方首鐵
槌重八斤柄長五尺以上千二百枚一名天
槌敗步騎羣寇飛鉤長八寸鉤芒長四寸柄

蒺藜多刺之物

小車制自黃帝者

長六寸以上千二百枚以投其衆三軍拒守
木螳蜋劒刃扶胥廣丈二百二十具一名行
馬平易地以步兵敗車騎木蒺藜去地二尺
五寸百二十具敗步騎要窮寇遮走北軸旋
短衝矛戟扶胥百二十具黃帝所以敗蚩尤
氏敗步騎要窮寇遮走北狹路微徑張鐵蒺
藜芒高四寸廣八寸長六尺以上千二百具
敗走騎突瞑來前促戰白刃接張地羅鋪兩

織女㭍蒺藜之類

隨時拒守之器

鐵蒺藜參連織女芒間相去二尺萬二千具曠野草中方胸鋋矛千二百具張鋋矛法高一尺五寸敗走騎要窮寇遮走北狹路微徑地陷鐵械鎖參連百二十具敗走騎要窮寇遮走北壘門拒守矛戟小櫓十二具絞車連弩自副三軍拒守天羅虎落鎖連一部廣一丈五尺高八尺百二十具虎落劒刃扶胥廣一丈五尺高八尺五百一十具渡溝塹飛橋

渡溝塹

渡大水

紫宮一作柴營

此下皆山林結壘之具

一間廣一丈五尺長二丈以上着轉關轆轤八具以環利通索張之渡大水飛江廣一丈五尺長二丈以上八具以環利通索張之天浮鐵螳螂矩內圓外徑四寸以上環絡自副三十二具以天浮張飛江濟大海謂之天橫一名天船山林野居結虎落紫宮環利鐵鎖長二丈以上千二百枚環利大通索大四寸長四丈以上六百枚環利中通索大二寸長

兩具

大斧代木大鋤平土銅築以築垣皆山林結壘之具

捍禦之具

四丈以上二百枚環利小徽纆長二丈以上萬二千枚天雨蓋重車上板結泉鉏鋙廣四尺長四丈以上車一具以鐵杙張之伐木天斧重八斤柄長三尺以上三百枚槃钁刃廣六寸柄長五尺以上三百枚銅築固爲垂長五尺以上三百枚鷹爪方胸鐵杷柄長七尺以上三百枚方胸鐵叉柄長七尺以上三百枚方胸兩枚鐵叉柄長七尺以上三百枚芟

刻○齒○以○走○水

大鋤

樵採之具

巧手使器具

不竭

此是器械

草木大鎌柄長七尺以上三百枚大櫓刃重八斤柄長六尺三百枚委環鐵杙長三尺以上三百枚椽杙大鎚重五斤柄長二尺以上百二十具甲士萬人強弩六千戟櫓二千矛楯二千修治攻具砥礪兵器爲巧手三百人此舉兵用之大數也

右教法

陳法

伍法
騎法
步法
司馬法
將令
器械

孫子參同卷三終

遼寧省圖書館藏
陶湘舊藏閔凌刻本集成